Meine Lieblingsplätze

❖

Hagar Qim
Die dramatisch zerzausten Tempelruinen, der ständige Seewind, der Blick über die Klippen. Eine große Zeitreise
–> S. 64

❖

Mdina
Am ganz frühen Morgen, wenn noch keine Kutschen klappern und Fotoapparate klicken. Eine kleine Zeitreise
–> S. 122

❖

Pjazza Independenza
Der kleine Platz in der gozitanischen Hauptstadt Rabat träumt unter alten Bäumen. Eine kleine Pause
–> S. 86

Liebe Leserin, lieber Leser,

Malta nennt sich gern das Herz des Mittelmeers, und das ist auch richtig. Es lag und liegt im Schnittpunkt aller Kulturen und Ereignisse, die die mediterrane Geschichte geprägt haben. Aber wer daraus den Schluss zieht, der Inselstaat sei auch die Summe all dessen, was wir am Mittelmeer mögen, der irrt.

Die Kunstfülle Italiens, die Sinnlichkeit der Levante, die Berge Kretas und die Buchten Spaniens: All dies finden wir nicht auf Malta, und das ist gleichwohl kein Mangel. Denn der kleine Inselstaat ist einzigartig und in jeder Hinsicht eigen.

Afrikanisches Klima und englischer Stil finden hier ebenso überraschend zusammen wie Fußballleidenschaft und katholisch-gläubiger Ernst. Ein unvergleichliches Ensemble kultureller Spuren und historischer Monumente bedeckt den Archipel, aber das beißt sich nicht mit einer in den letzten Jahren auf hohes Niveau entwickelten Hotel- und Restaurantkultur und einem wirbeligen Nachtleben.

So kann der Gast in klarer Hochseeluft und sauberstem Wasser einen Erholungsurlaub verbringen, und wenn der Körper seinen Teil bekommen hat, kann der Geist auf Reisen gehen: Malta und Gozo beflügeln die Phantasie, bereichern das Wissen und laden zu Ausflügen in eine manchmal archaisch erscheinende Welt, die aber immer durch ihre gegenwärtige Lebensfreude besticht.

Eine Freude, auf die wir Ihnen einen Vorgeschmack geben möchten.

Herzlich, Ihr

Andreas Hallaschka

Andreas Hallaschka
MERIAN-Chefredakteur

GUT GETROFFEN Er fotografierte, sie schrieb: Tobias Gerber und Inka Schmeling hoch über Vallettas Grand Harbour. Seite 30

GUT GEFUNDEN Fotograf Hardy Müller bewegte sich auf den Spuren der Briten. Er fand diese wie jene bei Bingo, Golf und Bier. Seite 58

GUT GELAUNT Im Februar sind kaum Touristen auf Gozo, wohl aber unser Fotograf Peter Hirth: beim Karneval. Seite 50

>> Titelthemen

Valletta erwacht: Die renovierte
Waterfront ist der Auftakt zur großen
Verjüngung der Hauptstadt

Foto: Tobias Gerber

MERIAN Malta 1989

ABERGLAUBE
Auge, sei wachsam

Seltsame Wege nehmen manche alte Mythen. Da soll im alten Ägypten das Auge des Falkengottes Horus dem ermordeten Osiris das Leben zurückgegeben haben. Seitdem war das Horusauge Symbol für Heilung, Schutz, Vollkommenheit und Macht. Den Phöniziern passte das ganz gut in ihren götterreichen Himmel, sie nahmen das Symbol in ihren Glauben auf und malten es auf ihre Boote, mit denen sie vor 3000 Jahren die gesamte Mittelmeerküste abfuhren. Ein längst vergangener Mythos, allein im einst phönizischen Malta hat er sich bis heute erhalten, wie so vieles aus uralter Zeit. Der Drache allerdings, der das Boot auf unserer bisher einzigen Malta-Ausgabe zierte, dürfte keine solche Odyssee hinter sich haben.

SPRACHE Wie bitte?

Jeder Malteser kann Englisch. Aber ein bisschen Malti können wir schon üben: Sie wollen nach Xlendi? *Es heißt* Schlendi. *Genau wie* Marsaxlokk Marsaschlock *ausgesprochen wird.* Bugibba *spricht sich* Buschibba *mit einem stimmhaften sch,* Hagar Qim *fängt mit* Haschar *an und hört mit* Im *auf, das Q wird nicht mitgesprochen.* Ghar il-Kbir *spricht man überraschenderweise, wie man es schreibt, aber* Cirkewwa *heißt leider* Tschirke-ua. *Bitte sehr (jekk joghgbok)!*

Und als wir gerettet waren,
erfuhren wir, dass die Insel Malta hieß.
Die Leute aber erwiesen uns nicht
geringe Freundlichkeit …
Und sie erwiesen uns große Ehre; und
als wir abfuhren, gaben sie uns mit,
was wir nötig hatten.

Apostelgeschichte,
Kap. 28, 1,2,10

CART RUTS
Spur der Steine

An vielen Stellen auf Malta gibt es die Karrenspuren genannten Rillen, vielleicht Maltas größtes seiner vielen Geheimnisse. Sie sind stets exakt parallel mit einer Spurbreite von 132 bis 147 Zentimetern und einer Tiefe von bis zu 75 Zentimetern. Die Länge hingegen ist höchst unterschiedlich: zwischen mehreren Dutzend und einigen Hundert Metern. Die Rillen beschreiben Kurven und kreuzen sich; einige enden abrupt, andere führen bis zum Klippenrand ins Nichts. Wir kennen weder Alter noch Zweck noch Entstehung der Cart Ruts. Wir wissen nur, dass es ähnliche in Sizilien und Griechenland gibt. Und wir wissen, dass ihre Spurbreite ziemlich genau der der Deutschen Bahn entspricht. Mehdorn, übernehmen Sie!

Gib mir Kurven. Gib mir Kurven. Gib mir Kurven.

ZOOM-ZOOM

Sein sportliches Design wird ein Lächeln auf Ihr Gesicht zaubern und seine Fahreigenschaften ein breites Grinsen. Der neue Mazda MX-5 begeistert wie kein Roadster zuvor. Dafür sorgen das perfekte Handling dank 50:50-Gewichtsverteilung, die mitreißende Dynamik und die Tatsache, dass kein Dach Ihre Freudenschreie dämpft.

Weitere Infos unter 01805-2012 (12 Cent/Min., Mo–Fr 9–18 Uhr), www.mazda.de oder bei Ihrem Mazda Vertragshändler.

Der neue Mazda MX-5. Typisch Zoom-Zoom.

FÜR IMMER JUNG
Gelbe Blitze

Die urigen Oldtimer-Busse gehören mittlerweile zum Malta-Bild wie die Festungsmauern Vallettas. Es handelt sich dabei nicht um einen Nostalgie-PR-Gag: Bei den wegen ihrer Farbe „Gelbe Blitze" genannten Diesel-Vehikeln der britischen Hersteller Bedford und Leyland handelt es sich um von den Briten seit den 1940er Jahren ausrangierte Busse. Auf Malta leisten viele dieser Veteranen seit über 60 Jahren treue Dienste – zur Freude der Touristen.

Kuriosa

SCHEIDUNG ist auf Malta unmöglich, eine Wiederheirat nach Scheidung im Ausland verboten. Folge: Ein Großteil der Paare lebt wild zusammen. **STUDENTEN** neigen zu himmlischen Ansichten: 82 Prozent glauben fest an die Existenz von Engeln. **FEUERWERK** ist hier zu Hause: Die Insel hat dafür 40 Fabriken, pro Einwohner mehr als jede andere Stadt der Welt. **SINGVÖGEL** zu schießen ist weiterhin erlaubt – EU-Sonderrecht für Malta.

FÄLSCHUNGEN
Krumme Hunde

Der Malteserhund stammt nicht aus Malta, obwohl er dort sein Biotop in Armbeugen älterer Herrschaften findet. Sein Name stammt vom semitischen „malat" für Hafen: Der Kleine wurde früher in Häfen zur Rattenjagd eingesetzt.

SÜSSIGKEITEN
Fette Kuchen

Nur einmal im Jahr wird der extrem süße und fette Karnevalskuchen gebacken. Rund ums Jahr gibt es die Nougat genannten Spezialitäten, die in Quietscherosa, Quietschegrün und Quietscheblau überall angeboten werden. Mit Rücksicht auf Ihre Augen verzichten wir auf bildliche Darstellung.

TEUFELSZEUG
Doppelte Zeiten

An vielen Kirchen Maltas hängen zwei Uhren. Meist zeigt eine die Zeit, die andere das Datum an. Oft aber sieht man auch zwei verschiedene Zeiten: Die eine ist exakt, die andere, falsche, soll den Teufel verwirren. Welche aber welche ist, das erfahren Sie am besten auf Ihrer Armbanduhr.

Sie sind das Herz des Mittelmeers, die maltesischen Inseln, karg und lebhaft, eine Brücke zwischen Kulturen und Kontinenten

Unter den Arkaden der Upper Barracca Gardens bietet sich Vallettas Grand Harbour zu jeder Tageszeit in anderer Gestalt: als moderner Umschlagplatz, als ritterliche Festung, als natürlicher Fels in mediterraner Weite

Foto: Florian Gärtner

Abweisend aus glühenden Steinen liegt die **Festung uneinnehmbar** auf dem Fels

Die Halbinsel Sciberras war kahler, aber bewehrter Fels, als 1565 die Türken die Insel belagerten. Sie hatten Fort St. Elmo (vorn) besetzt. Nach ihrem Abzug entstand hier Valletta, Festung und Stadt für Paläste und Hospitäler.

Es kamen und gingen die Herrscher,
manche gefürchtet, manche verehrt und alle unvergessen

Alexander Ball befreite Malta von den Franzosen,
die Malta gerade von den Rittern befreit hatten. Er war
der erste britische Gouverneur, sein Grabmal in
den Lower Barracca Gardens erinnert die Malteser
heute eher an die Befreiung von den Briten

Seit Jahrtausenden währt der Kampf
um Nahrung in einer Welt aus Stein

Kaum Wasser, viel Wind, wenig fruchtbare Erde: so ist Malta. Aber zum Ausgleich gibt es keinen Frost. Hier reifen Zucchini und Erdbeeren schon im Februar, wenn auch mithilfe von viel Plastikfolie

Kaum eine Höhe und ein ewig weiter Horizont,

Wolken und Wellen sind **Geschwister des Archipels**

Das Meer ist Gestalter der Landschaft. Comino und Cominotto liegen fast verlassen im Sund zwischen Malta und Gozo. Manchmal fühlt man sich hier wie auf einem Floß auf hoher See

Foto: Tobias Gerber

Stark und wehrhaft im Glauben

sind Maltas Bürger. Und stolz darauf

Die Kathedrale von Rabat auf Gozo ist Teil der Festung und mit Kanonen bewehrt. Wie viele andere Gotteshäuser auch. Wer wollte diesem Katholizismus etwas anhaben? Niemand, wie die Geschichte erwies

Salz war einst wertvoll wie Gold,
das Meer schenkte es her und GOZO wurde reich

Die römische Insel Melita war bekannt für
Salz und Honig. Heute heißt sie Malta,
ihr Honig ist köstlich herb, und ihre Salinen
stammen zum Teil noch aus jener
alten Zeit, wie in der Qbajjar Bay auf Gozo

Zum Leben braucht es den Segen der Natur

und wenn er knapp ausfällt, ist der Genuss umso größer

Rabat, uralte Festung über Gozo, blickt auf
das grüne Land. Die Insulaner, noch
eigenwilliger als die von Malta, nehmen es
gern hin, wenn die ungeliebten Nachbarn
kommen, um ihren Augen Ruhe zu gönnen

Ein Hauch von **Ewigkeit**: Maltas Gestalt
ist ein Werk andauernder Schöpfung

Malta ist eine Großstadt im Wasser, ein Agglo-
merat von Häusern. Und doch an vielen
Stellen nicht von ihnen zu erobern. Wie am
Dwejra Point im Westen Gozos trotzen Fels
und Brandung der menschlichen Beherrschung

Wo Christen zu Allah beten

Arabische Zungen, katholische Herzen und im Kopf noch immer englische Spleens – willkommen auf Malta!   Text: Thorsten Kolle

Hier also soll es gewesen sein: An dieser Stelle ist Paulus, schiffbrüchig und klatschnass, vor rund 2000 Jahren auf den maltesischen Fels gekrabbelt. Hat ein Feuer angezündet, um sich zu wärmen, und wurde dabei von einer aufgeschreckten Schlange gebissen. Da der Biss ihn nicht tötete, hielten ihn die Einheimischen für einen Gott, was ihm die Christianisierung Maltas sicher erleichterte. Auch dass er – gleich um die Ecke, 200 Meter vor dem Kreisverkehr an der Main Street – mit seinem Stecken eine Quelle aus dem Fels schlug, wird ihm Pluspunkte eingebracht haben: Wasser war schon damals knapp auf der Insel, und die Quelle sprudelt noch immer. In den meisten Kirchen, vielen Restaurants und öffentlichen Gebäuden Maltas hängen Gemälde, die die Ankunft oder die Wundertat darstellen. Historisch ist es allerdings strittig, ob der Apostel, als römischer Gefangener aus Palästina kommend, auf dem Weg zu seiner Gerichtsverhandlung nach Rom tatsächlich auf Malta strandete. Die Bucht heißt dennoch St. Paul's Bay und ist einer der am meisten touristisierten Küstenabschnitte der Insel. Hotels neben Restaurants, Karaoke-Bars im Wechsel mit Fish-&-Chips-Buden. Architektonisch nicht gerade der schönste Teil Maltas und doch typisch für das Eiland, das manchem Besucher anfangs karg und spröde vorkommen mag. Typisch, weil in St. Paul's Bay vieles aufeinandertrifft, was Malta ausmacht: die christliche Tradition, Überreste jungsteinzeitlicher Kultur, arabische Einflüsse und englisches Erbe.

Von der Terrasse des „Gillieru Restaurant" an der Church Street hat man einen prächtigen Blick auf die Bucht und bekommt dazu ausgezeichnete maltesische Fischgerichte serviert (beispielsweise „Stuffat tal-Qarnit", köstlicher geschmorter Tintenfisch in Knoblauch-Tomaten-Sauce). Der Service bleibt auch dann noch gut, wenn man anfängt, mit dem Kellner über die wissenschaftliche Korrektheit der Paulus-Theorie zu diskutieren. Obwohl: da versteht der Malteser keinen Spaß, und schnell springen andere Gäste dem Ober bei und schwören Stein und Bein, dass die in Sichtweite liegende St. Paul's Chapel exakt an der Stelle errichtet wurde, an der der Apostel die Insel betrat. Höflich vorgetragene Einwände, dass einige Historiker die Meinung vertreten, Paulus hätte es nicht nach Malta verschlagen, sondern auf die westgriechische Insel Kephallonia, werden entrüstet niederdiskutiert. Beifall erntet ein bestimmt 80-jähriger sonnen- und seegegerbter Fischer im Sonntagsanzug, der die Griechenthese mit der Bemerkung zur Hölle schickt, „wenn der heilige Paulus in Griechenland gestrandet wäre, wären wohl kaum die Griechen heute orthodox und wir katholisch".

Merke: Auf ihren Paulus lassen die Malteser nichts kommen. Gut 93 Prozent der 400 000 Insulaner sind Katholiken und angeblich gibt es so viele Kirchen auf Malta, wie das Jahr Tage hat. Der Besuch der Messe am Sonntag ist ebenso selbstverständlich wie das ausgiebige Feiern der Feste der unterschiedlichen Dorfheiligen – manche Örtchen haben praktischerweise gleich zwei davon, was bedeutet – richtig – zweimal Party! Es ist spürbar, dass Malta jahrhundertelang christliches Bollwerk gegen den Islam war. Spürbar, wenn auch nicht hörbar: Wer einen Gottesdienst besucht, wird zu seinem Erstaunen die Anbetung des christlichen Gottes unter dem Namen „Allah" vernehmen können. Malti hat ihre Wurzeln im Arabischen, ist also eine semitische Sprache, aber der Wortschatz ist mit vielen romanischen Vokabeln angereichert. So stammt etwa „bongu" (gesprochen bondschu, „guten Tag") vom französischen „bonjour" oder „grazzi" („danke") aus dem Italienischen. Ebenfalls einzigartig ist es, dass diese arabische Sprache in lateinischer Schrift geschrieben wird.

Abraham Ben Samuel Abulafia wird solch religiöser und kultureller Mischmasch sicherlich gefallen haben. Dieser in Spanien geborene Philosoph lebte Ende des 13. Jahrhunderts auf der winzigen, zu Malta gehörenden Insel Comino. Verglichen mit Paulus ist er den Maltesern heute ungefähr so geläufig wie ein Schneesturm. Und er wäre wahrscheinlich nicht sonderlich beliebt – hatte er seinerzeit doch die kreative Idee, Papst Nikolaus III. zum Judentum bekehren zu wollen. Dennoch kann man seine Philosophie typisch maltesisch finden. Wo anders als nach Malta, dem geographischen und kulturellen Schnittpunkt von Abend- und Morgenland, passt die Vision, Christentum, Judentum und Islam zu einer einzigen großen Weltreligion zu vereinen? Nichts weniger hatte Abulafia vor. Ein Hirngespinst, natürlich, aber ein schönes: Immerhin ist Abraham der Stammvater aller drei Weltanschauungen. Auf Malta hatte Abulafia mit solchem Unfug natürlich keine Chance – Paulus war schließlich gerade erst vor 1300 Jahren abgereist (wenn er denn da war), und der Malteser wechselt so schnell seine Gesinnung nicht.

Da müssen schon ein paar Jahrtausende mehr über den gelbbraunen Kalkstein wehen, bis hier etwas vergessen

Christliche Tradition: Im Oratorium der Bruderschaft zum Heiligen Sakrament in Valletta bereiten die Geistlichen ein jahrhundertealtes Karfreitags-Ritual vor. Am festlich gedeckten Abendmahltisch findet alljährlich eine Armenspeisung statt

wird. Im Gegensatz zum lebendigen Christentum ist die Erinnerung an die wesentlich älteren Spuren menschlicher Kultur auf Malta verblasst und nur noch in uralten Steinen sichtbar. Neben den großen und bekannten Tempelanlagen von Hagar Qim und Mnajdra (siehe Seite 64) finden sich manchmal auch Überreste von Gebäuden aus der Jungsteinzeit mitten zwischen modernen Gebäudekomplexen.

Skurrilste Sehenswürdigkeit dürfte hier ein kleiner neolithischer Tempel sein, der nun zwischen Swimmingpool und Bar des Hotels „Dolmen Resort" an der St. Paul's Bay liegt, welches – passenderweise – nicht weit von der Triq It-Turisti, der „Straße der Touristen", beheimatet ist. Überwiegend englische Gäste pendeln hier in Badehose und mit dem Gin-Tonic-Glas in der Hand an den uralten Zeugnissen menschlicher Zivilisation meist ungerührt vorbei. Einer legt sein Handtuch auf den Steinen ab, ein maltesischer Hotelangestellter legt es diskret auf einen Liegestuhl.

Überhaupt die Engländer. Man hat den Eindruck Malteser und Briten haben sich miteinander gut arrangiert. Schließlich sind beides Inselvölker und die britische Herrschaft begann mit einem Hilferuf der Malteser, die ihre französischen Besatzer loswerden wollten. Die Briten ließen sich nicht zweimal bitten: Im September 1800 zwang eine Seeblockade die Franzosen zur Kapitulation. Nur – die Engländer waren gekommen, um zu bleiben. 1814 wird Malta Kolonie und bleibt bis 1964 unter britischer Herrschaft. Ein wichtiger strategischer Stützpunkt und deshalb auch während des Zweiten Weltkriegs, ab 1941, Ziel verheerender Luft- und Seeangriffe der Deutschen und Italiener. Malta hielt stand, und Anfang 1943 hatten die Angreifer ihre Bombardements aufgegeben. Der mit britischem Geld finanzierte Wiederaufbau bescherte Malta ein kleines Wirtschaftswunder. Und während überall auf der Welt Kolonien um ihre Unabhängigkeit kämpften, stimmten die Malteser 1956 für den Anschluss an England. Doch London winkt ab – man hat Angst, Malta könnte zu teuer werden. Die verschmähte Schöne drängt nun auf Scheidung: 1964 wird Malta ein unabhängiger Staat, verbleibt jedoch im Commonwealth. Und so richtig weg sind die Engländer natürlich nicht: Wer beispielsweise den Marsa Sports Club, vor den Toren Vallettas besucht, findet hier nicht nur Maltas einzigen Golfplatz und eine Pferderennbahn, sondern wird stilecht im holzgetäfelten Clubraum empfangen, lässt sich in schwere Ledersessel fallen, liest die Londoner „Times" und bekommt selbstverständlich seinen Five o'Clock Tea serviert. Und zu all dem lächelt Königin Elizabeth vom Ölgemälde an der Wand. Nicht Paulus. □

Thorsten Kolle, *Redakteur dieses Heftes, mag Malta, weil Geschichte hier immer gegenwärtig ist.*

Zwischen Heute und Gestern:
zweites Frühstück
vor der Nationalbibliothek

Wach auf, Valletta

Eine Zeit lang sah es so aus, als hätte Maltas Hauptstadt ihre besten Tage hinter sich, als sollte sie zum Museum werden. Doch jetzt erlebt Valletta das Comeback

Text: Inka Schmeling, Fotos: Tobias Gerber

Locker in der Festung:
Mittagspause unter
den Arkaden der Upper
Barracca Gardens

Ruh dich nicht **zu lange** aus

Rotlicht für Diplomaten:
im großen Empfangs-
saal des Großmeisterpalasts

Runter kommt man immer:
Von der St. John Street gehts
in die St. Ursula Street und
geradewegs zum Wasser. Valletta
ist eine Bergfestung zur See

Lass **die Sonne** in deine alten Gassen

Bruderschaft im Büßerhemd: Auf Malta wird die Karwoche der „Lady of Sorrows" geweiht, der „Schmerzensreichen"

Vergiss nicht, wer du warst

Zwei Selbstversorger: Das saubere Wasser der Insel verspricht Nahrung sogar im Hafen der Hauptstadt

Lass **deine Verehrer** nicht warten

Die Dame ruht. Liegt da auf ihrem funkelnden, gekräuselten Bett, unter einem fleckenlos glatten Laken; beides gefärbt in tiefem Blau. Ihre grün glänzenden Augen schauen in die Ferne, nicht geschlossen, aber auch nicht wirklich offen, eher verträumt, träge, vielleicht ein bisschen melancholisch. Eine kräftige Böe streicht über ihre karamellfarbene Haut, doch sie rührt sich kaum.

„Sabiha hafna, eh?", fragt der Kapitän andächtig, und auch die Touristen auf seiner Barkasse und in den gegenüberliegenden Buchten von Senglea oder Sliema raunen seine Worte in ihren Sprachen: „Bellissima!", „How beautiful!", „Wunderschön!" Weit über ihren Köpfen streckt sich Valletta aus, Hauptstadt von Malta und Kulturerbe der Welt. Eingezwängt von einem Korsett aus schroffen Fes-

tungsmauern liegt sie auf der felsigen Halbinsel Monte Sciberras, erhaben und ein wenig eingebildet wirkt sie aus der Ferne. Eine Grande Dame. Eine, die viele Verehrer hat und viele Verführungen: all die Arkaden, Plätze, Cafés und Gärten. Die üppige Kuppel der Karmeliterkirche, die prächtigen Paläste, ihr verschnörkeltes Theater. Und diese Straßen, die sich in vielen flachen Treppenstufen über alle ihre Rundungen legen, so dass sie immer ins Tiefblaue laufen, das die Stadt auf zwei Seiten einhüllt: oben der Himmel und unten das Meer.

Jeden Tag strömen Vallettas zahlreiche Besucher herbei: Morgens um sechs tuckern die Fischer vom Meer zum Fischmarkt am Grand Harbour. Und auch die Bauern kommen. In der Markthalle an der Merchants Street breiten sie ihre Tomaten, Kapern und Bohnen aus. Zwei Stunden später fahren die Anwälte, Beamten, Banker

oder Angestellten aus den umliegenden Städten und Dörfern in bunten Bussen am Stadttor vor. **Und ab zehn Uhr drängen sich die Touristen durch die Republic Street oder stehen Schlange vor der St. John's Co-Cathedral.** Sie kommen und setzen die Stadt in Bewegung mit ihren Stimmen und Gesten, füllen sie aus mit dem Klackern ihrer Absätze, dem Klicken ihrer Fotoapparate, dem Klimpern von Kaffeetassen und Weingläsern. Tagsüber ist Valletta eine kosmopolitische Hauptstadt mit mehr als 80 000 Menschen. Doch wenn abends die Gassen im Schatten liegen und die Rollos der Geschäfte herunterrattern, dann steigen fast alle wieder in ihre Busse oder Taxis. Aus der Stadt wird ein Städtchen mit etwa 8000 Einwohnern. Ein schlafendes Dornröschen. Sie war einmal Europas Wunschkind. Oder, wie Dominic Micallef, Direktor für Geschichte und

Kultur der maltesischen Tourismusbehörde sagt: „Europe at its best." Damals, als das christliche Europa im Dauerkrieg mit dem muslimischen Osmanenreich lag, als Malta die Große Belagerung von 1565 gerade abgewehrt hatte, da wählte Jean Parisot de la Valette, Großmeister der Johanniter, den Monte Sciberras zum Geburtsort einer neuen Festungsstadt. Die Könige von Spanien und Frankreich schickten Geld, Papst Pius IV. seinen Baumeister: Francesco Laparelli da Cortona, ein Schüler Michelangelos. Innerhalb von drei Tagen hatte der eine neue Stadt entworfen. Im März 1566 legte Valette ihren Grundstein – und wurde selbst als erster in ihr bestattet.

Der Großmeister starb 1568, nur zwei Jahre später, an einem Schlaganfall und kannte die Stadt, die heute seinen Namen trägt, nur auf Laparellis Zeichnungen. Äußerst moderne Pläne waren das: Wie ein Gitter hatte Laparelli gerade, rechtwinklige Straßen über die Halbinsel gelegt, durch die Winde ungehindert wehen konnten; die minderten nämlich nicht nur die Hitze, sondern auch die Seuchengefahr. Jedes Haus besaß eine Zisterne, Abwasserkanäle führten unter den Straßen direkt zum Meer, der Abfall wurde außerhalb der Stadtmauern verbrannt. Als die Ordensritter 1571 ihren Sitz nach Valletta verlegten, bezogen sie die modernste Stadt Europas. Und eine der begehrenswertesten.

Zwar kamen die erwarteten Osmanen kein zweites Mal, dafür aber Napoleon. Die Engländer folgten. Und im Zweiten Weltkrieg versuchten es die Italiener und Deutschen. Jede Eroberung veränderte Valletta: Die Ordensmalteser ersetzten, als sie sich im 17. und 18. Jahrhundert von Rittern zu Lebemännern entwickelten, viele nüchterne Bastionen durch barocke Paläste. **Die Briten bauten die anglikanische St. Paul's Cathedral, verwandelten eine staubige Artillerieplattform in die üppig bepflanzten Hastings Gardens und halfen den Maltesern nach dem Zweiten Weltkrieg beim Wiederaufbau ihrer Hauptstadt.** Denn die Italiener und Deutschen hatten nichts hinterlassen außer Kratern und Ruinen: Sie zerstörten oder beschädigten etwa 85 Prozent von Vallettas Gebäuden.

Eins davon war das Royal Opera House am Freedom Square. Heute ist es nur noch Ruine, Parkplatz, Sonnenbank für Katzen und Eidechsen; eine der Stätten, an denen Valletta in seinem Dornröschenschlaf ruht. Statt Rosen ranken hier Ginster und Gräser um die verwitterten Steine, aus den Treppenstufen sprießt Löwenzahn. Und an der warmen Mauer der Ruine lehnen drei sehr alte Männer und lamentieren, mit blumigen Worten und schmalzigen Gesten, über Vallettas einstigen Liebreiz.

Damals, als sie noch wild war vor Leben, als sie gefeiert hat und hofiert wurde von anderen Staaten. Bevor 1942 die Bomben auf die Oper fielen. Bevor in den siebziger und achtziger Jahren die Einwohner in Scharen ihre Stadt verließen, weil ihre Häuser alt und schlecht saniert waren, mal zu groß und mal zu klein, weil die Kinos geschlossen wurden und weil man nun in den Nachbarorten St. Julian's oder Sliema ausging.

„Valletta war das Zentrum von Malta, nicht nur wirtschaftlich und administrativ, sondern der Mittelpunkt unseres Lebens. Aber heutzutage bewegen sich die Menschen so viel, sie arbeiten, essen, wohnen und gehen an ganz verschiedenen Orten aus, da gibt es kein Zentrum mehr", erklärt Oliver Friggieri. Der 59-Jährige ist Literaturprofessor und einer der wenigen Schriftsteller Maltas, der ins Deutsche übersetzt wurde; seine Romane, Kurzgeschichten und Gedichte kreisen fast immer um das gleiche Thema: Valletta und Floriana in den fünfziger und sechziger Jahren. Als Kind spielte er mit seinem Bruder und seinen beiden Schwestern in den Upper Barracca Gardens und pick-

nickte mit seiner Mutter unten an der Valletta Waterfront. Als Jugendlicher stolzierte er abends mit seinen Kumpels die Republic Street auf und ab – damals unter den Briten hieß sie noch Kingsway – und schielte den Mädchen hinterher. Als Erwachsener zog auch er weg nach Birkirkara, heute kommt er selten nach Valletta. „Ich schließe lieber meine Augen und fahre in meiner Erinnerung zurück", sagt er. „Das sind schönere Bilder: voller Farben und Lärm." Der Musiker Andrew Alamango, 34, seufzt. Weil er findet, dass das etwas sehr nostalgisch ist. Dann lacht er. Weil das Leben doch gerade zurückkehrt nach Valletta: In den letzten vier, fünf Jahren seien viele Menschen wieder in die Hauptstadt gezogen, vor allem junge, so wie er. Die Immobilienpreise steigen stetig, immer mehr Restaurants sind nicht nur mittags geöffnet, sondern auch abends.

Die alte Dame räkelt sich. Noch ein wenig verschlafen zwar, doch das Blut kribbelt schon wieder in ihren alten Gliedern. Es zuckt ihr in den Füßen, und bald, da ist sich Alamango sicher, wird sie wieder aufspringen und ins Rampenlicht drängen. Wird sich mit Pumps, Pelzmantel und Hochsteckfrisur unter ihre jungen Nebenbuhlerinnen mit Hüftjeans und Arschgeweih mischen, wird einen tiefen

Zug aus ihrem langen Zigarettenhalter nehmen und ihnen verächtlich den Rauch ins Gesicht blasen. Das Comeback einer Grande Dame. **Hinter ihrer würdevollen Fassade gibt sie bereits die ersten Kostproben ihrer neuen Vitalität.** Von den Telefonhäuschen in der Republic Street, die man so britisch-rot selbst in London nur noch selten sieht, ist jedes zweite mit einem Internet-Telefon ausgestattet. Wer an den wuchtigen Verteidigungsmauern entlang und durch einen düsteren Tunnel in die Bastion St. James Cavalier hineingeht, der steht plötzlich in den nüchtern-weißen Räumen des Centre for Creativity, der kann moderne Theaterstücke, Ausstellungen und Kinofilme anschauen. Und auch die alte Sacra Infermeria sieht zwar von außen noch aus wie zur Johanniterzeit, doch ihr Inneres wurde längst zum Mediterranean Conference Centre umgebaut. Valletta bleibt sich treu, gerade, indem es sich eine Verjüngungskur gönnt.

Konrad Buhagiar, 47, verpasste ihr das eine oder andere Lifting. Der Architekt ist Spezialist im Restaurieren alter Gebäude; er hat das Innere der Garrison-Kapelle bei den Upper Barracca Gardens und des Palazzo Stiges in der Strait Street in moderne Büros gewandelt: mit Glastüren, Emporen, zusätzlichen

Zeig, was du **zu bieten** hast

Von Vallettas Schönheit inspiriert: Der Sänger und Bandleader Andrew Alamango

Komm zurück ins **Rampenlicht**

Fenstern, einem natürlichen Ventilationssystem. Mitte der neunziger Jahre ist er selbst von Sliema nach Valletta gezogen und hat bald danach auch sein Büro ins Nachbarhaus gelegt. Von hier aus feilt er nun an Schmuckstücken für Valletta, das neueste hat er seiner Angebeteten gleich zu Füßen gelegt: die Valletta Waterfront.

Wie an einer Kette sind die ehemaligen Lagerräume unterhalb der Festungsmauern aufgereiht, alte verschnörkelte Fassaden mit knallig blauen, grünen, gelben, roten Fenstern und Türen. Die ersten Restaurants, Bars und Souvenirläden sind im Sommer 2005 eingezogen. Auch die Nachbarhäuser sollen bald fertig sein. Und dann die Touristen der Kreuzfahrtschiffe herbeiwinken, die nur wenige Meter entfernt anlegen. Vor allem aber die Malteser. „Valletta kann nur wieder lebendig werden, wenn wir die Vergangenheit in die Gegenwart integrieren", sagt Buhagiar. „Die Geschichte sollte uns bereichern, nicht einschränken."

Vergangenheit und Gegenwart vermischt auch Chris Farrugia, 43, gerne. Er knetet, rührt, quirlt sie durcheinander: in seinem Restaurant Ambrosia. Dort serviert er heute Kaninchen mit Lakritz und Kümmel. Oder Calamari mit Chilli, Tomaten und Mozarella mit Erdbeeren. Früher kochte er

französisch, Haute Cuisine, Avantgarde. Bis ihn die Sehnsucht nach den Gerichten seiner Kindheit überkam, die für ihn, gewürzt mit dieser Prise Moderne, die optimale Mischung aus Heimat und Fernweh sind: „Ich musste meinen Kochstil ändern, weil sich in mir selbst etwas gewandelt hat. Früher habe ich mehr in die Ferne geschaut. Jetzt sitze ich am liebsten morgens in einem Straßencafé und schaue zu, wie Valletta erwacht."

Da wird aus dem ersten Stock ein Weidenkorb zur Straße hinabgelassen und dann mit frischem Brot wieder hoch in die Küche gehangelt. Ein Hund liegt in der Sonne, knackt auf seinem Knochen herum und jault dann vor Vergnügen. Oben an den Balkonen hängen Leinen voller Bettwäsche und Büstenhalter.

So kehrt der Alltag zurück nach Valletta, ein dörflicher Alltag vor der Kulisse einer Kapitale. In der schmalen St. Ursula Street, der St. Paul oder St. John Street hallen die Geräusche der Fernseher und das Gezwitscher von Kanarienvögeln. Und Kirchenglocken, Schiffshörner, Türklingeln. Und das Fauchen der Espressomaschinen, das Geschrei auf dem Markt. Autogehupe, Presslufthämmer; Zeichen, dass das Herz Maltas wieder schlägt.

Andrew Alamango lauscht. Wie ein Arzt misst der Musiker den Puls, hält die Beschleunigung fest. Sein Aufnahmegerät hat er fast immer dabei: So viel Inspiration, so viele Klänge sind in der Stadt. Alamango mischt sie mit alten, fast vergessenen maltesischen Instrumenten, mit Gesängen, Sprichwörtern und Kinderreimen; peppt das Ganze auf mit etwas Jazz. Auf Malta ist seine Band Etnika ein Star, sehr gefragt für Konzerte. Hin und wieder gastieren sie sogar in Deutschland. „Unsere Musik ist ähnlich wie Valletta", analysiert Alamango, „alles kommt zusammen: Das Traditionelle und das Innovative, die Kunst und der Alltag." Es sind Liebeslieder, die Alamango seiner Stadt singt. Und sie bedankt sich. Überrumpelt ihn morgens manchmal so sehr mit ihrer Schönheit, dass er meint, sie nie wieder verlassen zu können. Und sich selbst zurücklegt zwischen seine Laken. □

Inka Schmeling ist als Autorin auf der ganzen Welt zu Hause. Und überall sucht sie nach den ganz normalen Menschen, so auch in Valletta. **Tobias Gerber**, Fotograf aus Berlin, fand im kleinen Valletta alles, was eine Weltstadt braucht.

Wie Sie Valletta am besten kennen lernen können, lesen Sie auf Seite 122

DER APPETIT KOMMT MIT DEM LESEN.

DEUTSCHLANDS BESTES FOOD-MAGAZIN*

DER FEINSCHMECKER

Österreich € 6,95 · Schweiz sfr 12,00
Heft 7 Juli 2006 Deutschland € 6,00

DAS INTERNATIONALE GOURMET-JOURNAL

Köchin des Monats
Entdeckung
in Südfrankreichs
Provinz

Ligurien
Genua und die
Küstendörfer: Das wird
ein köstlicher Urlaub!

Küchenrätsel
Genießer-
Reise zu
gewinnen

*Rund um den
Öresund*
Ostsee

...eerenge: Die jungen, wilden Köche in Dänemark und Schweden

DER FEINSCHMECKER
REISETIPPS

222 Adressen
Die besten Restaurants
und Gasthäuser

Beiderseits
der Autobahn
Unterwegs

◀ JETZT MIT BROSCHÜRE: „BEIDERSEITS DER
AUTOBAHN"

Macht schon beim Lesen Appetit: Deutschlands führendes Gourmet-Journal für kulinarische
Lebensart. Ob Rezepte und Reisen, Leckeres und Lifestyle – DER FEINSCHMECKER
öffnet alle Sinne für den Genuss. Im guten Zeitschriftenhandel oder im Abonnement unter
Telefon 040/87 97 35 40 und www.der-feinschmecker-club.de

DER FEINSCHMECKER
DAS INTERNATIONALE GOURMET-JOURNAL

Wer durch die Gassen Vallettas streift, sollte an der Ecke Old Bakery Street/Old Theatre Street zweimal hinschauen: „Teatro Manoel" steht in Stein gehauen über einem recht bescheidenen Hauseingang. Treten Sie ein, Sie werden nicht enttäuscht
TEXT: MICHAEL SCHOPHAUS

Als Her Majesty am 15. November 1967 das Teatro Manoel besuchte, war sie sehr amüsiert. Die englische Königin durfte sogar in der Loge sitzen, die sonst nur dem Präsidenten von Malta zusteht, mit kitschigem Lorbeer über dem Haupt und einem Dach aus 22 Karat. Dort war sie von den Darbietungen der Spielkunst so angetan, dass sie 25 Jahre später wiederkam. Ihre goldene Feder, mit der sie sich schriftlich bedankte, liegt jetzt als Katalognummer 144 unter Glas im Museum des Theaters und muss die heftigsten Blitze aus Fernost ertragen. Nicht weit davon staubt eine alte Schminkdose vor sich hin, hängen die Kostüme aus Cosi Fan Tutte, Lohengrin, La Bohème an der Wand, und in einer lauten Ecke kann man eine Windmaschine zum Heulen bringen. Ob die Queen höchstselbst Hand an die Kurbel legte, weiß die Führerin nicht, die Dame macht ja schon Wind genug, ruft sie kichernd und alle Touristen lachen. Nur Japan knipst ungerührt weiter.

Das Teatro Manoel soll Spaß machen, so war das schon vor zweihundert Jahren, und so wird es hoffentlich noch lange sein. Sagen die Menschen in Valletta, die sich längst

da wollte er großzügig sein und den Maltesern ein paar schöne Stunden schenken.

Das erste Stück war „Merope" von Scipione Maffei und wurde am 9. 1. 1732 aufgeführt. Seitdem wird auf der kleinen Bühne geliebt, gestorben, gehasst, gesungen und getanzt, was das hohe Schauspiel hergibt. Auf dem Spielplan stand immer auch das wahre Leben: Im Zweiten Weltkrieg versteckte man sich im „Manoel" vor den Bomben der Deutschen, später diente es als Tanzsaal und Kino, und manchmal durften Obdachlose in den Nächten ihre Betten aufschlagen. Heute geht man mittags vom Markt mit vollen Körben ins große Foyer, in das weich das Licht der Sonne bricht, um ein Schwätzchen zu halten, den neuesten Klatsch zu erfahren oder sich einfach nur eine Karte für sechs Pfund zu kaufen. Sicher trifft man dabei auch auf Direktor Tony Cassar Darien, der seine 16 Angestellten mit netter Besessenheit führt und von der nächsten Vorstellung schwärmt. Da müsst ihr rein, unbedingt!

Als Darien das Theater 1993 übernahm, war es fast pleite, er arbeitete so lange, dass er morgens im Büro wach wurde. „Das hier ist mein Leben", sagt er.

HIER VERBIRGT SICH...

daran gewöhnt haben, dass viele Besucher achtlos an dem unscheinbaren Haus in der Old Theatre Street vorbeilaufen, weil sie dort allenfalls einen Kramladen vermuten, aber sicher kein Gold an der Decke, keine Kronleuchter aus Kristall, keinen Prunksaal mit 623 Sitzen und vier Rängen aus handbemaltem Holz.

Mehr außen pfui geht nicht und nicht mehr innen hui. Hier bleiben Dreck und Hitze vor der Tür, heißt es auf stolzen Inschriften in Latein, hier ergibst du dich der Reinheit der Kunst, lässt dir die Sorgen aus dem Alltag treiben, lässt dich mit Wörtern füttern und Musik verführen. Steht da. Oder so ähnlich. Dafür ließ es Großmeister Manoel de Vilhena in nur zehn Monaten errichten und spendete es 1731 „zur ehrenvollen Ergötzung des Volkes", weil dem solventen Feingeist aufgefallen war, dass kaum einer was zu lachen hatte. Die Zeiten waren hart, Armut kroch durch die Gassen, überall spielten sich draußen Tragödien ab,

Es regt ihn auch längst nicht mehr auf, dass in jedem Reiseführer etwas anderes steht, ältestes Theater Europas, ältestes des Commonwealth, drittältestes der Welt, sollen sie das doch alles schreiben, sagt er, er hat ganz andere Probleme und nutzt die Superlative nur, wenn sie gut fürs Geschäft sind. In sein Teatro Manoel kommen in jedem Jahr 160000 Menschen, die meisten aber nur auf Besichtigungstour, und nicht um Opern zu lauschen und sich Shakespeare reinzuziehen. Es wird ja auch durchweg in schnellem, harten Englisch gespielt, da würden Berlin oder Paris vermutlich sowieso nicht viel verstehen.

Doch alle sollen sich wohl fühlen, sagt der Herr Direktor, so wie Manoel es wollte. Die Saison geht von Oktober bis Mai, und wenn die 14 Schauspieltruppen aus Malta nicht reichen, bezahlt ihm der Staat Flug und Hotel, um sich ein paar Künstler vom Festland zu holen. Er mischt Musik und Mimik, so gut es geht, nur für die großen Sprünge

Außen pfui: Man muss schon mit der Lupe hinschauen, um zwischen den gelben alkstein-Fassaden den Eingang des Teatro Manoel zu entdecken

des Balletts ist die Bühne mit sechseinhalb Metern Breite viel zu klein.

„Ich will jedem ein Erlebnis bieten", sagt Tony Cassar Darien und freut sich wie ein kleines Kind, wenn sich das Volk wieder an einem Stück ergötzt. Wie gerade erst im Frühjahr, bei der Premiere von „Kvetch", da wusste er nicht, ob so was ankommt in diesem altehrwürdigem Gemäuer. Damals war er ganz früh da, als man gerade die Handtücher vom Mischpult nahm, die Kabel zusammenrollte und die Pappen vom roten Teppich zog, die ihn vor den staubigen Schuhen der Touristen während der Führungen schützt. Er lief aufgeregt durch Reihe G, die er stets für die Zeitungsleute reserviert, und als es dunkel wurde, guckte er in die Gesichter, so weit es die Scheinwerfer zuließen.

Er sah sie lachen, schon nach den ersten Szenen, und sogar die härtesten Kritiker, so sehr sie auch ernst bleiben wollten, mussten schmunzeln. Da, da, jetzt wieder, als man ein riesiges Bett auf die Bretter zieht, in dem sich ein geiferndes Ehepaar mit very british humor streitet, bevor es mit einem herausgestöhnten Oooooorgasmus eine Nummer über zehn Minuten schiebt. In der Pause stehen dann viele in der engen Gasse

...GROSSES THEATER!

vor dem Theater, diskutieren über die Rolle des Geschlechtsverkehrs in der Gesellschaft und trinken im Cafe Corleone gegenüber noch ein Glas Wein, bevor die Glocke durch die Häuserschlucht schrillt, damit der Wahnsinn da drinnen weitergehen kann. Diesmal springt einer auf den Tisch, brüllt „Fucking!", zieht die Hose herunter, während die nuschelnde Nebenrolle mit dem maltesischen Akzent gelangweilt auf dem Stuhl sitzt, aber dafür den meisten Beifall bekommt. Als der Vorhang fällt, wird gejohlt, gejubelt, gepfiffen, doch nicht einmal gebuht, wie der Herr Direktor zufrieden feststellt. Was für ein dankbares Volk! Fast 30 Sekunden klatschte es, was sehr lange ist auf Malta, bevor es sich wieder in die Nacht stürzte, um ein letztes Glas im Stehen zu nehmen.

Das Teatro Manoel ist sehr alt und lebendiger als jemals zuvor. Falls die Königin jedoch ein drittes Mal kommen sollte, müsste man sicher noch mal das Programm überdenken. □

Innen hui: Der prächtige Zuschauerraum des Teatro Manoel bietet Platz für 623 Besucher. Die Decke ist mit Gold verziert, die vier Ränge schmücken handgemaltes Holz und von oben strahlt ein kristallener Kronleuchter

Text: Bertram Job

Auf Malta gibt es neben den bekannten Englischkursen für Teens und Twens auch spezielle Sprachseminare für ältere Menschen. Also, auch wenn Hänschen nicht richtig aufgepasst hat:

Hans lernt's noch

Englisch lernen ohne englisches Wetter, Businesstalk im Freizeitlook: das geht nirgendwo besser als beim Sprachurlaub auf Malta. Mit günstigen Flugpreisen und moderaten Kosten ist die Insel in den letzten zwanzig Jahren eine populäre Alternative zum Bildungsaufenthalt in Großbritannien geworden. Feines Klima von Frühjahr bis Herbst lockt immer mehr Europäer in den Süden, aber zunehmend finden auch Japaner, Inder und Saudis Gefallen an den 46 Sprachinstituten auf Malta und Gozo.

Mehr als 55 000 Sprachstudenten füllten 2004 Maltas Klassenzimmer bis zum Bersten, in zehn Jahren fast eine Verdoppelung; jeder vierte kam aus Deutschland. Jede zehnte Malta-Lira im Tourismusgeschäft fließt durch die Sprachstudenten herein.

Kein Zweifel: das Geschäft boomt, wie Noel Borg, Sales Executive von EC Malta, formuliert. Allein in den 62 Klassenzimmern seines Instituts im Zentrum von St. Julian's nehmen jährlich 2000 Studenten aus 60 Nationen am Eingangstest zur Ermittlung der Leistungsstufe teil.

Die multikulturelle Armada der Teens und Twens prägt in bunten Scha-ren die Szenerie von St. Julian's bis Sliema. Auf diesem kleinen Abschnitt an der Nordküste drängen sich heute rund zwanzig Sprachinstitute. Dabei ist um das Vergnügungsviertel Paceville eine urbane Landschaft aus Schnellrestaurants, Shops und Internetcafés entstanden, in dem Englischstunden und Entertainment die Gezeiten markieren.

Der Boom hat seinen Grund aber auch in der Vielfalt des Angebots: Längst vorbei sind die Zeiten, in denen es Englisch nur für Anfänger, Fortgeschrittene und Bildungsurlauber gab. Sehr spezielle Kurse in den Sprachen des Geschäftslebens, der Wissenschaft und Technik, aber auch der schönen Literatur bieten Lernstoff selbst für Menschen, die bereits fließend in London parlieren können. Hier bekommt man die Sprache, die dann in der Stellenausschreibung „verhandlungssicher" heißt.

Zunehmend fragen aber auch Bildungsbürger in der zweiten Lebenshälfte die vielfältigen Angebote nach, und gerade die wollen nicht auf ein hochwertiges Beiprogramm verzichten. Deshalb hat man welche für reifere Semester aufgelegt – „50+"-Kurse mit sechs bis acht Teilnehmern.

Das ist ebenso fordernd wie erfüllend, erklärt Pamela Allmark, die Kundenbetreuerin von EC Malta. Keine anderen Kunden interessierten sich so ernsthaft und ausdauernd für Kultur- und Ausgrabungsstätten wie diese. Keine anderen seien aber auch aufmerksamer oder wüssten Erlerntes und Erlebtes mehr zu schätzen – auch wenn die (Rück-)Eroberung der Fremdsprache nicht mehr im Turbotempo gelingt. Nadya Aquilina, die als Direktorin über alle Lehrprogramme im Hause wacht, sieht darin jedenfalls das geringste Problem. „Es ist nicht das Lehrbuch, nach dem wir uns richten", sagt sie, „sondern der Schüler und seine Bedürfnisse." Bei den meisten Schülern seien die passiven Kenntnisse ohnehin viel größer als der aktive Sprachgebrauch, so Aquilina. Deshalb komme es für jeden Lehrenden darauf an, ihnen die Zunge zu lösen, dann sei das Lehrziel erreicht.

Das Lehrpersonal ist der Treibstoff in dieser Maschine, die über den Sommer am oberen Rand der Kapazitäten gefahren wird. Dann stocken die großen Schulen ihr Kollegium mit Teilzeitbeschäftigten auf bis zu 50 Kräfte auf. Es ist der vorläufige Gipfel eines Andrangs, der

Ob im Café oder auf der Pjazza: Sprachschüler trifft man auf Malta immer und überall

Ende der Sechziger mit Ferienkursen für ausländische Studenten an der alten Uni in Valletta begann. Als in den Achtzigern dann die unabhängigen Institute ins Kraut schossen, war man von einheitlichen Qualitätsstandards ein gutes Stück entfernt. Wer immer auf Malta ein Zimmer übrig hatte, buchte einen dieser bescheidenen Studenten darin ein.

Wer unfallfrei Englisch sprach, durfte unterrichten. Deshalb gründeten 1989 neun Institute eine Dachorganisation, die Richtlinien zur Qualität des Lehrbetriebs wie der Unterkünfte etablierte. Die „Federation of English Language Teaching Organisations of Malta" (FELTOM) initiierte Richtlinien sowie eine Kommission, die über deren Einhaltung wacht.

Inzwischen gibt es auch ein Lizenzierungssystem, das Ende 2008 für die Branche verbindlich wird – ähnlich den Reglements in den USA, Irland und Großbritannien. Und bis dahin verlassen sich kritische Kunden am besten noch auf ihr Bauchgefühl, wie Sprachschülerin Dana aus München das nennt: „Ob die Schule zu einem passt, weiß man ja erst, wenn man hiergewesen ist." □

Auf Teufel komm raus

Bunt und phantasievoll: Die in wochenlanger Arbeit geschmückten Festwagen sind die Attraktion beim Umzug in Gozos Hauptstadt Rabat

Text: Bertram Job, Fotos: Peter Hirth

Ein wildes Spektakel – das ist Karneval auf Gozo. „Fest des Teufels" nennen die Einheimischen ihren Mummenschanz und sie sind stolz darauf, dass zu dieser Party „tout Malta" anreist

Endlich haben sie den kleinen Traktor vorbeigebracht. Angelo Said klatscht aufgeregt in die Hände und treibt seine Freunde an: „Los, los jetzt, macht schnell"! Mit vereinten Kräften schieben sie den Anhänger aus der offenen Garage und koppeln ihn an die Zugmaschine. Über Wochen war hier ihr sorgsam abgeschottetes Geheimlabor. Jetzt springen sie einer nach dem anderen auf, um über die schwach beleuchteten Straßen von Nadur zu knattern.

Eine überdrehte Idee, die ihrer Premiere entgegenfiebert, eine Inszenierung anarchischer Einfälle: eine Horde junger Typen unter Strumpfmasken und in blau-gelben Fußballtrikots, die sich auf einer selbst gebastelten Landschaft mit Kunstrasen, Bällen und einem windschief zusammengeschweißten Tor präsentiert.

„Wir sind die Champions, die Champions, olé", brüllen die Maskierten in den kühlen Abendhimmel hinein. Da-

zu hämmern aus den Boxen der provisorisch montierten Musikanlage fette Disco-Bässe, wumma, wumma!

So steuern sie mit großem Getöse auf den zentralen Platz bei der Kirche St. Peter und Paul, wo der Spaß erst richtig beginnt. Von dort bis zum „Band Club" am Ende der Straße des 13. Dezember herrscht Anarchie auf Gozo. Von Freitag bis Dienstag, kommen sie zu Tausenden, um sich bei Einbruch der Dunkelheit mit umgebauten Anhängern, selbst gefertigten Kostümen und bizarren Masken für ein paar turbulente Nächte ein wildes Leben zu erschaffen.

„Unser Karneval hat keine festen Regeln", hatte Angelo uns gewarnt. „Es geht einfach darum, die anderen zu überraschen." Wie lange hat der temperamentvolle, drahtige Kerl wohl auf diesen Moment gewartet? Schon im Herbst war Angelo auf der Suche nach einer Mannschaft gewesen, für die er als so genannter *Captain* die

Idee zu einem witzigen *float*, einem Festwagen, ausarbeiten konnte. Von Weihnachten an war der Student der Betriebswirtschaft dann mehr zu Hause als an der Uni, um mit den anderen an dem Wagen zu bauen. Das streckte sich über viele Abende und Wochenenden, an denen sie als Team zusammenwuchsen.

Und nun sind Captain Angelo und seine Jungs am Ziel ihrer Träume: Mitten im Trubel des gozitanischen Karnevals. Sie koppeln ihren rollenden Fußballplatz ab und ziehen ihn ohne Motorkraft über die 600 Meter lange Straße der Umzüge. Wir sind die Champions, olé!

Gleich vor den wilden Kickern haben sich ein Dutzend Kerle mit bunten Perücken und Atombusen aus Schaumstoff auf einem Wagen voller Fitnessgeräte aufgebaut. Irgendwo daneben führt sich ein maskierter Mann in einem alten Anzug mit zwei Schreibmaschinen unterm Arm

Erlaubt ist, was gefällt: Ob gekaufte Horrormaske aus Latex oder selbst kreierte überdimensionale Pappmaché-Gebilde – beim „spontaneous carnival" in Nadur machen alle eine gute Figur

Es geht darum, die anderen zu überraschen

Masken Marke Eigenbau: Das ganze Jahr über wird versteckt in Schuppen, Garagen und Hallen an den *floats*, den Festwagen, gewerkelt

Nadur bei Nacht: Obwohl ein altes Gesetz das Auftreten in Verkleidung nach Einbruch der Dunkelheit untersagt, hält sich niemand daran. Nicht einmal Christopher Said (links, mit Leopardenmütze). Und der ist Bügermeister

als Schriftsteller auf. Ein ums andere Mal bedeutet er den Passanten, ihm Aufträge zu erteilen. Etwas weiter greift sich Adolf Hitler einen kichernden Teenie mit übergroßen Mausohren und George W. Bush kreuzt Arm in Arm mit Saddam Hussein die immer dichter bevölkerte Szenerie. Auch Queen Mum, verschiedene Minister der Regierung in Valletta sowie fünf bis sechs bin Ladens werden im weiteren Verlauf gesehen.

Es wird eine lange Nacht, denn so schnell erlahmt hier keiner. Aus mehreren Kneipen dringt das vom Harmonium getragene Geschrammel der Amateurkapellen – derbe Tanzmusik im quakigen Takt der *rabbuba*. Das ist ein mit Wasser gefülltes Rhythmusinstrument, dazu geht das Tamburin von Hand zu Hand und gibt der Szene den Rest. Nebenan scheppern Rock- und Disco-Sounds aus offenen Türen. Im „Band Club" zeigen coole Jungs ihre Tattoos, Mädchen ihren gepiercten Bauchnabel. Die neuen Riten und die alten – in diesen Tagen bestehen sie nebeneinander. „Jetzt macht jeder, was er will", sagt Marco und grinst. Er zeigt auf einen Balkon, auf dem eine in schwarzes Leder genähte Cat Woman mit der Reitpeitsche knallt.

Maltas Karneval wird eben erst auf Gozo so richtig interessant – dort wo das närrische Treiben „Il-festa tax-Xitan", „Fest des Teufels", genannt wird. In den 14 Ortschaften auf dem immer leicht entrückt wirkenden Eiland sind bis heute viele Bräuche aus Vorzeiten fast unverändert tradiert – vor allem in den kleineren Dörfern. Nirgendwo aber kulminieren die Ereignisse so spektakulär wie in Nadur. Wo ein paar Kilometer östlich der Hauptstadt Rabat übers Jahr gerade 5000 Seelen zu Hause sind, strömen dann bis zu 40 000 Menschen zusammen. Statt bestellter Kapellen und professioneller Prinzen wird hier jeder König des Karnevals.

„Jeder kann seine persönliche Botschaft loswerden", erklärt Dr. Christopher Said mit einem breiten Grinsen. „Und glauben Sie mir: Ich weiß sogar von Priestern und Mitgliedern der Regierung, die sich in voller Verkleidung unter die Leute gemischt haben. Bei solchen Anlässen entpuppen sich die Seriösesten oft als die Schlimmsten." Der junge Bürgermeister und Anwalt kennt seine Leute nur zu genau. Das ganze Jahr hindurch leben sie ebenso vertraut wie in wechselseitiger Beobachtung. Da kommt der Karneval am Ende einer Zeit ohne größere Abwechslung gerade recht: „Das ist die

goldene Gelegenheit, einmal jemand anders zu sein."

Und längst machen davon nicht nur die Bürger Nadurs Gebrauch. Die Hotels und Pensionen auf Gozo sind an den tollen Tagen restlos ausgebucht. Tausende Besucher sind von der Nachbarinsel Malta herübergekommen, darunter vor allem jüngere Leute, die sich nicht damit begnügen wollen, beim *organized carnival* zwischen Valletta und Floriana nur einer Parade aus bunt geschmückten Wagen hinterherzugucken.

Solch eine Parade, bei der die beste Idee prämiert wird, findet am Sonntagnachmittag auch in Rabat statt, der Inselhauptstadt, die die Engländer Victoria nannten. Aber das ist von Ekstase weit entfernt. „Unser Karneval ist anders", sagt Bürgermeister Said. „Darum wollen wir ihn so beibehalten, ohne auch nur irgendwem den Stil zu diktieren."

Volkes Wille war zunächst wenig entscheidend, als Ritterorden den Karneval auf Malta im 16. Jahrhundert einführten. Der kleine Maskenspaß war den christlichen Seefahrern gestattet, die in Valletta von Bord gingen – während Frauen für das gleiche Vergnügen bald Peitschenhiebe drohten. Noch war es ein Treiben für die herrschende Kaste und an der

Spitze aller Umzüge demonstrierte der jeweilige Großmeister des Johanniterordens in einem eigenen Wagen seine herausragende Macht.

Auf Gozo begann Karneval dagegen „von unten" – als Fest der Bauern, die ihre von Pferden und Eseln gezogenen Fuhrwerke vor der Fastenzeit mit Palmzweigen schmückten und am Abend gemeinsam frisch geschlachtete Ziegen grillten. Vermutlich viel später erst verwandelten sich die Dorfbewohner an den langen Abenden in *maskarati*, um sich gegenseitig zu narren. Das ist nach Einbruch der Dunkelheit laut einer bis heute gültigen Verfügung nicht gestattet. Doch Eigenwillen und ein Hauch von Anarchie gehören zum Leben auf Gozo einfach dazu. Kurz: Niemand hält sich daran.

Antoinette Said erinnert sich gern, wie sie in ihrer Kindheit aus Laken und Lumpen die aberwitzigsten Kostüme zusammennähten, oder wie sie aus Kartons und Kürbissen groteske Masken bauten. „Wir konnten noch keine Plastikmasken kaufen", lacht die Mutter von Angelo, „so was gab es damals nicht. Und wir hätten auch kein Geld dafür gehabt. Wir hatten nichts." Also wurde auf Teufel komm raus improvisiert. Mit verkokelten Weinkorken schwärzte man sich das Gesicht, dann ging's raus in die Finsternis. Pro Straße gab es damals gerade ein, zwei Straßenlampen. „Es war absolut dunkel", erzählt Antoinette, „das kann sich heute kaum noch einer vorstellen."

Umso größer die Euphorie, die schließlich von den Eltern auf ihre Kinder überging. Soweit er sich erinnern kann ist Angelo zu Karneval immer und überall unterwegs gewesen – zunächst mit seinem älteren Bruder Joseph, später in größeren Rudeln. All diese Gangs stehen Jahr für Jahr im Wettbewerb um die überraschendsten, schrillsten und witzigsten Ideen, und dabei erwarb sich Angelo bald den Ruf eines kleinen Meisters. Mal war er mit anderen als Roboter aufgetreten, mal als Bulle und mal als Bandit.

„Das ist nicht bloß ein Hobby für mich", betont Angelo, „sondern ein Teil von mir selbst. Ich muss das tun."

Nicht nur er: Im Grunde schraubte, sägte und lötete seit Jahresbeginn wieder halb Nadur an seinen Skulpturen, während die Bäcker mit dem Backen der Prinjolata begannen, des Karne-

Ob putziger Peter Pan oder
riesiger Römer – man ist gerüstet
für den großen Umzug auf
der Republic Street in Victoria

Während zu Hause noch bis zur letzten Minute an den Kostümen gearbeitet wird, mischen sich in der Pizzeria „Rabokk" die ersten Narren unters Volk

valskuchens aus Pinienkernen. Und die Gerüchte darüber, was hinter verschlossenen Toren entstand, sprossen praktisch von allein. So baute sich im Ort allmählich eine Spannung auf, die über die eher trist verlaufenden Winterwochen hinweghalf. Womit würden die Jungs an der Ausfallstraße nach Qala aufwarten? Was hatte die berüchtigte Bronx-Gruppe in diesem Jahr vor? Und wem würde sich Peter Muscat anschließen, der ungekrönte König des Karnevals?

Peter, der pausbäckige Polier: der Wunsch nach Frohsinn und Geselligkeit ist in dem prallen Gesicht Fleisch geworden. Sein selbst gebautes Haus am Ortsrand hat sich längst zu einem Museum des Karnevals entwickelt, in dem die Utensilien sämtlicher Festtage gehortet werden: Masken, große und kleine Trommeln, *rabbubas*, Kostüme aus Kleiderresten. Hauptsache, die Klamotten sind schon ziemlich *imbarazz*, erklärt Peter – also Lumpen. „Darum geht es im spontanen Karneval: Du nimmst die Reste. Wenn etwas noch gut ist, ist es für mich nicht zu gebrauchen."

Auch überlebensgroße Pappmaché-Figuren, die *maskarunis*, bevölkern das Junggesellen-Heim. Eine davon hatte vor Jahren leider das Mädchen er-

schreckt, das Peter in einer Karnevalsnacht abgeschleppt hatte. „Sie drehte sich rum und lief einfach davon", erzählt Peter und lacht. Jedes Jahr bieten die tollen Tage auf Gozo auch Gelegenheit, sich auf dem begrenzten Markt der Beziehungen neu zu orientieren. Deshalb ist Peter jedes Jahr auf die neugierigen, kostümierten Malteserinnen gespannt, die die Fähre aus Cirkewwa an Land holt.

Am Freitagmorgen aber ziehen sturmartige Winde auf, die den Fährbetrieb bis zum Nachmittag lahm legen. Die Schlange der Autos zieht sich auf maltesischer Seite über viele Kilometer hin. Manche warten bis zu acht Stunden, andere drehen entnervt um und stornieren ihre Zimmer. Um so erstaunlicher ist das Treiben in dicht gedrängter Menge, das sich dann am Samstagabend trotz allem entfaltet. Zur Prime Time zwischen zehn und zwei kommen Maskierte und Musikanten auf der Straße des 13. Dezember nur noch in Zeitlupe voran. Alles wogt und wälzt sich im bunt gemischten Knäuel.

Angelo Said und ein paar seiner Freunde haben sich Perücken, Röcke und Megabrüste ausgeliehen, um als Cheerleader noch mehr Hype für ihren Fußballwagen zu entfachen (echte

Mädchen waren nicht mehr aufzutreiben). Ihre Lederbälle fliegen der Gruppe um Peter Muscat um die Ohren, die mit Hexenmasken alte Kinderwagen schiebt. Morgen werden sie als stolze Wikinger mit Plastikschwertern drohen. Außerdem sind da noch ein walisischer Prinz, drei Henker, ein Boot mit Flüchtlingen aus Nordafrika und ein Wagen voller Witzbolde, die in Schutzanzügen verdächtig wirkendes Hühnerfleisch anbieten. Ihr Slogan: „Help yourself!"

So zeigen sie alle bis in die Nacht zum Aschermittwoch, was sie bewegt, sie tanzen und trinken und flirten im Rhythmus der *rabbuba* – oder machen danach noch in den Discos von Rabat weiter. Und einmal mehr wird auf der Polizeiwache von Nadur kein einziger Gewaltausbruch registriert. Genau wie Angelo es uns prophezeit hatte: „Unser Karneval sieht wild aus, ist aber friedlich. Ihr werdet's sehen." □

Bertram Job, *freier Autor, ist Düsseldorfer und somit ausgewiesener Karnevalexperte. Vom anarchischen Treiben auf Gozo war er begeistert.*
Peter Hirth, *Fotograf aus Leipzig, macht sich eigentlich nicht viel aus Karneval. Aber auf Gozo ließ auch er sich mitreißen.*

TEXT: **MICHAEL SCHOPHAUS**, FOTOS: **HARDY MÜLLER**

Spinner, Spieler, Briten

Länger als 40 Jahre ist

Malta unabhängig,

aber England kommt immer wieder zurück.

Es bringt mit seinen Touristen viel Geld,

doch das Herz der Insel erreicht es nicht.

Es hat uns vor allem die Sünde gebracht,

sagen die Malteser. Wetten, dass?

Ein Streifzug durch Kneipen, Spielsalons,

Sportclubs und Hotels mit schrulligem Charme

Die Briten sind allgegenwärtig: ob leibhaftig bei Lektüre und schaumlosem Lagerbier oder bei der abendlichen Pause vom Bingo. Und natürlich in ihren Hinterlassenschaften, den Telefonzellen, Schuluniformen und Oldtimern

Kutschfahrten gibt es überall auf Malta. Doch die meisten britischen Gäste sind wenig betucht, sie nehmen den Bus

Hey, that's a good joke", sagt Wayne Clifford, „jeder, der behauptet, die Engländer seien nicht mehr da, sollte mal herkommen nach Malta."

Von wegen weg! Der Toast ist verbrannt, die Spiegeleier schwimmen auf Bohnen, das Bier ist lauwarm und ohne Schaum. So wie es sich gehört. Die Schüler tragen Uniform, die Telefonzellen sind rot und in die Autos solltest du besser von rechts einsteigen, damit du es im Linksverkehr nicht so weit zum Lenkrad hast. Wie zu Hause, nur viel wärmer, und gezockt wird auch auf Teufel komm raus. Nicht nur beim Fußball, wie Wayne es von seinen Spurs aus Tottenham kennt, pah, die wetten hier sogar darum, ob die nächste Frau, die sich am Tresen festhält, blond sein wird, oder wie viel Verspätung die Fähre von Sizilien hat. Gleich um die Ecke, in der Triq il-Halel von St. Paul's Bay, stehen sie und streichen sich im Betting Shop die Scheine glatt.

Malta is very British, isn't it?–„Und wie", sagt Wayne. Er weiß nichts vom National Day am 31. März, mit dem die Malteser seit 1979 den Abzug der letzten englischen Truppen feiern. Er kommt immer erst im April, wenn die Hitze noch nicht so reinhaut und er keine Handtücher auf die Liegen am Pool legen muss. „Ist ja noch tote Hose", sagt er, Malta wirkt dann auf ihn wie ein großes, warmes Altenheim, weil mehr Rollstühle vor den vielen Hotels mit den behindertenfreundlichen Rampen parken als schicke Cabrios, aber andererseits: „Ich bin auch schon 50", sagt er und guckt streng, als ließe er deshalb keine gerontologischen Vorurteile gelten. Wer weiß, vielleicht fährt er noch in 20 Jahren nach Malta. Seine Eltern leben bei ihm im Norden von London, und wenn er es sich leisten könnte, würde er sie mit auf die Insel nehmen. Doch gerade gestern hat ihn wieder so ein freundlicher Reiseleiter genervt, der in alle anwesenden Hörgeräte brüllte und die Greise wie kleine Kinder behandelte. Geht mal raus, das große Wasser gucken! Es fehlte nicht viel und Wayne hätte dem Kerl eine reingehauen. Weil er Respekt vor dem Alter hat.

„Hell is well", ruft Wayne und lässt beim Bierheben im *Victoria Pub* den tätowierten Tigerkopf über seinen welken Bizeps rollen. Er trägt bauchfrei, weil ihm das T-Shirt kaum über den Wanst passt, und prostet einer drallen Kellnerin zu, während sein Kumpel Frank vor einem Fernseher sitzt und die hastig vorbeigleitenden

Liedzeilen von *Strangers in the Night* heruntergrölt. Seit 9 p.m. ist Karaoke, wie jeden Abend, wenn sie vom Sundowner im Villa Mare vorbeischauen, einer lauten Kneipe mit Blick auf die tolle Bucht von St. Paul's. Dort helfen sie gern der Sonne beim Untergehen, sie fällt dann einfach so runter bei einem Glas Wodka-Cola.

Nur manchmal stiert keiner mehr aufs Meer, weil einige Meter weiter Arsenal gegen Manchester auf einer riesigen Leinwand kickt. Vielleicht auch Chelsea gegen Middlesbrough. Aber später geht es zum Singen schräg gegenüber, schon wegen der geilen Frau an der Bar. Oder auf einen Sprung zu *Fat Harry's* oder ins *Oracle Casino* mit den einarmigen Banditen. *Credit card accepted and serving all the day*. Hier verstehe ich alles, sagt Wayne, und was noch wichtiger ist: Auch ihn versteht man auf Malta, selbst nach dem zehnten Bier.

Hier kuschelt sich Wayne Clifford ins Klischee und keiner stört ihn dabei, während sich England auf einen kleinen Platz am Strand reduziert. Er muss sich nicht verstellen, wenn die meisten der jährlich 500 000 englischen Touristen über die Insel herfallen, ist er längst wieder weg. Hier heißt Change noch Change und nicht „Geldweschel", wie es bisweilen zur Erheiterung von Castrop-Rauxel an den Umtauschbuden steht.

Hier riecht es den ganzen Tag nach Fish 'n' Chips und Nationalstolz und gelegentlich nach süßlichen Pfützen am Straßenrand,

wenn das Commonhealth am Abend zu lange gedauert hat. Hier spüre ich England, sagt Wayne, nicht nur an den Kopfschmerzen. Oft geht er in die alten Kolonialstilhäuser, staunt sich durch die Geschichte oder hält mit den Fischern ein Schwätzchen über ihren letzten Fang. Bei ihm gibt es nicht bloß Saufen und Grölen, sondern auch das stille Verdrängen eines Gefühls, dass Malta eines Tages etwa nicht mehr englisch sein könnte. England kam vor 200 Jahren, England machte Malta am 21.9.1964, na ja, wieder maltesisch, aber eigentlich war England niemals verschwunden. Es kehrt stets zurück, am liebsten wie Wayne mit einer Dose Heineken in der Hand.

Aber wenn du auf Malta den englischen Wurzeln folgst, endest du regelmäßig in der Kneipe. Bei Wayne, Frank und wie sie sonst so heißen. Dann triffst du sie, wie sie breitbeinig mit ihrem *pint of beer* dort stehen und protzen: Diese Insel gehört uns! Viel mehr als dem Deutschen sein Mallorca, wo er trotz Bratkartoffeln zu keiner Zeit so starken Einfluss auf die Sitten der Bevölkerung hatte.

England mischt sich ein, es rülpst in der Bar, aber das Herz von Malta erreicht es nicht.

Das behaupten jedenfalls die wichtigen, sonnenbebrillten Menschen in den Gassen von Valletta; die es an die winzige Malteser Börse geschafft haben oder mit anderen Geschäften und in ihren teuren Anzügen versuchen, auf Ledersohlen über das Altstadtpflaster zu schlittern. Sie sind italienischer als ihre Schuhe, zeigen trotzig auf die vielen Büsten im Kreisverkehr, die der wahren Größen der Insel gedenken, weil sie, sagen wir, die besten Rezepte für Zwerghasen in Knoblauchsoße eingeführt haben. Schauen Sie selbst, flüstern sie, Engländer werden bei uns nicht in Stein gehauen. Dann wischen sie sich den Staub von ihren Jacken, nippen an ihrem stillen Wasser und sprechen leicht indigniert von diesen schmerbäuchigen Engländern, die in Shorts, Sandalen und weißen Socken im Fünfsternehotel zum Frühstück latschen.

Natürlich sagt das keiner laut, man will sich schließlich nicht die Devisen kaputt machen, und so ein gebildeter Mann wie Dominic Micallef vom Tourismusbüro würde sich eher die Zunge abbeißen, als schlecht über England zu

reden. Allerdings redet er auch nicht gut über das Land, ach was, er erwähnt es erst gar nicht, wenn er als Beauftragter für Kultur und Geschichte mit glühender Leidenschaft von den Skulpturen Mazzuolis oder den Altarbildern Paladinis schwärmt. „Wissen Sie, ich habe lange in Mailand gelebt", sagt er und erinnert daran, dass man auf Malta bis 1934 in allen Behörden Italienisch gesprochen hat.

Seitdem sind die Kunst, die Architektur, auch die Kirchen ganz gut ohne britische Beteiligung ausgekommen. Vor allem in den prächtigen Kathedralen ist England bis heute draußen geblieben, es steht *pull* für Ziehen an den schweren Türen, aber drinnen wird sehr hartnäckig maltesisch gebetet. Sogar die Halbstarken halten sich daran, die sich auf den hohen Stufen treffen, bevor sie beim Reingehen die Sonnenbrillen hochschieben und für zehn Cent eine Glühbirne vor der Madonna entzünden. „Wir dürfen stolz auf uns sein", sagt Mr. Micallef, „unsere Insel ist ein großes, schrilles Museum", aber er schweigt beharrlich, wer hier am schrillsten ist.

Helen Brunden geht selten in die Kirche. Gewiss, sie hat gehört, dass Malta die meisten Priester hat, aber „die sind Katholiken und wir protestantisch, da geh' ich doch nicht zu den Ketzern, ha, ha!" Sie ist mehrere Wochen im Jahr in Sliema und wechselt öfter die Hotels, die dort *The Diplomat* oder *New Tower* heißen und an der breiten Strandstraße nach St. Julian's stehen.

Kennst du eines, kennst du alle, sagt Helen. Sie haben Balkone zum Meer, auf denen gnadenlos die Teatime eingehalten wird, während man auch bei starkem Wind im *Mirror* blättert. Sie liebt den schrulligen Charme dieser Häuser, an deren Fassaden das Salz nagt wie drinnen das Alter an den Gästen. Manche haben auch ein Schwimmbad auf dem Dach, „doch die meisten", sagt sie, „sind schon so tattrig, dass sie es kaum noch bis oben schaffen. Zum Treffen der Krampfadern", gackert sie und lacht wieder so ein dreckiges Lachen, das ohrenbetäubender ist als tosende Gischt. Wir haben unseren Spaß, sagt sie, mehr Spaß, als nur darauf zu warten, dass sie den Deckel der Kiste über uns schließen. Man kennt sie in halb Birmingham für ihren schwarzen Humor. Ihr Lieblings-

spruch lautet, „wenn ich schon alt werde, dann wenigstens nicht bei schlechtem Wetter".

Geh' also ins Foyer eines dieser Hotels, lächele harmlos und warte einfach nur darauf, dass sich die Geschichten zu dir setzen.

Es dauert nicht lange, dann weißt du, dass die Schabracken gern mit der Barkasse zur blauen Lagune fahren

und dabei mit beiden Händen im Sturm ihre Hüte festhalten, weil sie niemals darauf kämen, sie abzunehmen. Dass der Kellner einen knackigen Hintern hat. Dass sie nach dem Lunch zum Bingo gehen und sich Zahlen auf die Zettel schreiben, die sowieso keiner versteht. Dass sie abends bis zur *City of London* in den Hafen schlendern, um es auf die wenig feine englische Art krachen zu lassen und böse über die Malteser herziehen. Über ihr Englisch zum Beispiel, das so hart und schlecht sei wie ihr Brot.

Erst gestern hat einer „*You must go värry down!*" gerufen, als sie nach dem Weg fragten. Und bevor sie aufstehen von deinem Tisch, erfährst du nach ein paar netten Likörchen noch folgendes: Da wurde doch einer betagten Lady das Gebiss nach Liverpool geschickt, weil sie es im Zimmer liegen gelassen hatte, und, ja, das stimmt wirklich: Es lag schon ein rosa Mieder im Paket und so ein summendes Ding, mit dem man, ha, ha, angeblich auch massieren kann. „Wir werden alle nicht jünger", lacht Helen, Onkel Alzheimer lässt grüßen, dann geht sie raus zu den Bänken an der Promenade, um für neuen Klatsch zu sorgen. Bevor sie ihn wieder vergisst.

Die Engländer haben uns die Sünde gebracht, sagen nicht nur die frommen Menschen auf Malta. Die nackten Titten am Strand, den Schnaps, das Wetten und die Pferde.

Durch sie wurden wir zu Zockern, sagen die Leute von Marsa. Jeden Sonntag ab zwei verfallen sie auf dem

Stehen bleiben! Unter den Upper Barracca Gardens erinnert England an seine Fürsorge für Malta

schwungen, weil man standesgemäß auf dem Rücken eines Pferdes thront statt ihm wie auf der Trabrennbahn auf den schaukelnden Arsch zu gucken.

Im ältesten Sportclub Maltas hat die Ertüchtigung erbarmungslos Stil, man schwitzt ziemlich dezent, und für England gibt es seit 1901 die volle sportliche Dröhnung: Cricket in (nicht sehr langen) weißen Anzügen und Tennis im strengen Dresscode, versteht sich, und nach dem Golfen steht man ehrfürchtig vor einer Wand im Vereinshaus, an die die größten sportlichen Erfolge in einen Mahagonirahmen genagelt wurden.

Sir Waddington hat viermal ein Hole-in-One gespielt und den Ladies' Record hat wieder Mrs. Borg aufgestellt. Nach dem Spiel lassen sie sich in Clubsesseln aus Leder nieder,

lesen die Wirtschaftsblätter, die aus London eingeflogen werden, und wenn du Glück hast, darf selbst ein Deutscher mit seinem Notizblock in der Hand einen Blick auf sie werfen, falls du artig dein bestes *May I have a look?* herausholst. Es mag aber auch geschehen, dass sie angewidert mit ungerührter Miene ihre Barfrau fragen: *Marita, are there visitors today?* Ja, sagt Marita, bittet dich lächelnd heraus und schließt die Tür. Hinter dir.

England will gefälligst wieder unter sich sein. □

Race Track ihrer Sucht, es gibt kaum Hoffnung auf Heilung und manche laufen irgendwann barfuß, nachdem sie Goldringe trugen. Sie wohnen in schäbigen Häusern an der Rennbahn, die ihr Glück und ihren Ruin bestimmt. Sie müssen gleich hin, wenn die Wettbüros ihre staubigen Rollos hochschieben, und noch heute kann es passieren, dass man die blassen Ladies aus St. Julian's beschimpft, weil sie sich in das heiße Elend von Marsa wagen. Ihr seid schuld!

Aber lass sie nur siegen, dann hängen sie ihren schnaubenden Helden Lorbeer um den Hals,

und manche sollen ihnen schon zum Dank ihren Fusel zum Saufen in den Eimer geschüttet haben.

Dann nennen sie ihren Stall *Hard to beat house*, hängen ein Bild des Zossen gleich neben Elvis Presley und dem Papst auf, und keiner will sich mehr daran erinnern, die Engländer jemals verflucht zu haben. Sie wetten, wetten, wetten, ihr Schicksal hängt von Quo-

ten ab und einige setzen heimlich in Hinterhöfen auf blutverschmierte Pitbulls, die vorher in Säcke gesteckt und mit Knüppeln geschlagen wurden, damit sie bösartiger werden. Dort hoffen sie im Morgengrauen auf Tiere, die sich zerfleischen, während die Straße runter in Valletta kleine Räume angemietet werden, in denen sich immer häufiger Anbieter für Onlinewetten breit machen.

Denn seit Malta Mitglied der Europäischen Union ist, kann man der Welt noch günstiger das Geld aus der Tasche ziehen. Eine Glücksspiellizenz kostet nur 1200 Euro im Monat, damit kannst du deine Schwiegermutter verwetten, heißt es, wenn sie dir einen guten Preis bringt. „Wetten ist eine interessante steuerliche Gestaltungsmöglichkeit", strunzen die neureichen Pinkel aus der Stadt, den armen Schluckern von Marsa hilft das wenig.

Im *Marsa Sports Club* redet man auch über Geld, aber so verhalten, dass fast jeder Golfschlag lauter ist. Hier fuchtelt keiner mit der Platin-Kreditkarte herum, dafür ist man lieber bis zur Schmerzgrenze vornehm, *yes, indeed*, man gönnt sich ja sonst nichts.

Wenn dort wirklich jemand von einer Pleite erführe, hätte er sicher noch die Contenance, bis zum Loch 18 weiterzuspielen. Schließlich hat hier schon Prinz Charles beim Polo die Hufe ge-

Michael Schophaus, *Buch- und Reiseautor, war zwar auf Malta, fühlte sich aber wie in Brighton-on-Sea.*
Für Fotograf **Hardy Müller** *war Malta ein richtiger Flash. Er will auf jeden Fall wieder hin.*

Buchtipp des Monats

PASSIONists – Porträts
faszinierender Grenzgänger.

Phantasievolle Rebellen

Sie sind Gestalter, Genießer, Erfinder und Entdecker, sie überschreiten Grenzen und gehen neue Wege: „PASSIONists". Das von Mercedes-Chefdesigner Prof. Peter Pfeiffer herausgegebene, außergewöhnliche Buch beschreibt seine Begegnungen mit leidenschaftlichen Grenzgängern wie dem Avantgardekoch und Shootingstar Heston Blumenthal, der Top-Designerin und Kosmopolitin Paola Navone, dem Rotweinrevoluzzer und Genießer Werner Knipser, dem Architekturfan und Küchen-Vordenker Gerd Bulthaup oder dem Rennpiloten und Weinmacher Jean Alesi: faszinierende Porträts phantasievoller Rebellen, die über Beruf und Berufung hinweg Gemeinsamkeiten entdeckten – die Leidenschaft für das Neue, Überraschende, Unerwartete. Heimlicher Star bei den Begegnungen: der Mercedes-Benz CLS – die neue, automobile Design-Ikone. MERIAN-Leser können das opulent bebilderte Taschenbuch jetzt gratis bestellen – im Internet unter www.passionists.de oder einfach unter Telefon 0 18 05/11 51 80. Solange der Vorrat reicht.

Fazit: ✱ ✱ ✱ – ein Muss für Designfreunde, Genießer und Grenzgänger.

PASSIONists: Mercedes-Chefdesigner Prof. Peter Pfeiffer trifft Jean Alesi, Heston Blumenthal, Paola Navone, Werner Knipser und Gerd Bulthaup.

DIE RÄTSEL
STEI

Sie ist die Ikone Maltas: die *Sleeping Lady*, im Original nur 12 Zentimeter lang. Vor 5000 Jahren wurde sie im unterirdischen Totenreich von Hal Saflieni niedergelegt

DER NE

TEXT: ROLAND BENN

Maltas Urzeit ist voller offener Fragen. Wer waren die Erbauer der gewaltigen Tempel? Wo sind sie geblieben? Und die Frage aller Fragen: War die große Erdmutter etwa ein Mann?

Mnajdra an der Südküste Maltas. Der Hauptgang der Anlage ist auf den Punkt gerichtet, an dem zur Tag- und Nachtgleiche die Sonne aufgeht

Die Luftaufnahme des Tempels von Hagar Qim macht die komplizierte Anlage deutlich. In der Steinzeit waren die Gebäude überdacht, die Räume glichen vermutlich Höhlen

WEM GALTEN DIE TEMPEL
WER WAREN DIE GÖTTER?

Gefunden im Hypogäum auf Gozo: Die „Fat Persons" tragen ihr Geheimnis vor sich her; die Köpfe austauschbar, die Körper geschlechtsneutral, hält die linke ein Abbild ihrer selbst auf dem Schoß

WARUM KAMEN DIE BAUERN AUF DIE INSEL?

Diese zum Teil unfertigen Figuren, Menschen (o.) und ein Schwein (ganz u.), fanden sich auf Gozo. Vergleichbares gibt es auf den Inseln nirgends

Hagar Qim und Mnajdra gehören zu jedem Maltabesuch. Auch Ggantija muss man gesehen haben. Der Höhepunkt jedoch: das Hypogäum. Tempelanlagen aus einer Zeit, als noch kein Metall in Gebrauch war, als die Pyramiden noch lange auf sich warten ließen und Ötzi noch nicht geboren war, zählen zu den ältesten Großsteinbauten der Menschheit. Sie sind riesig wie Ggantija auf Gozo, sie sind geheimnisvoll wie das unterirdische Totenhaus, das Hypogäum von Hal Saflieni, und sie sind von urtüm-

licher Schönheit wie Hagar Qim, das auf einer Anhöhe im ständigen Seewind liegt. 7000 Jahre ist es her, dass die ersten Menschen nach Malta kamen, 90 Kilometer übers Meer aus Sizilien. Um 3800 v. Chr. begannen sie Tempel zu bauen, errichtet aus bis zu fünf Meter hohen und 1000 Tonnen schweren Steinquadern, aus Mauern, die in Rundbögen den Raum gestalteten, mit Nischen und Altären. Die Steine schmückten sie mit Punktmustern, mit Spiralen und Tierdarstellungen. Ziegen sieht man hier, Schafe und Schweine, alle nicht in ihrer Wildform, sondern deutlich als Haustiere, denn die Künstler waren Bauern der Jungsteinzeit.

Sie rangen dem kargen Boden der Insel ihr Getreide ab, weideten die Tiere und opferten einige von ihnen der Großen Erdmutter. Diese Allerheiligste stellten sie in Figuren dar, zum Teil kaum handtellergroß, zum Teil mehr als zwei Meter hoch, mächtige, extrem dicke Wesen.

Um ein wenig zu verstehen, was die Menschen jener Zeit bewegte, muss man drei Stockwerke tief und elf Meter unter die Erde. In dieser Tiefe setzten die Neolithiker den Höhepunkt ihres Schaffens. In Hal Saflieni trieben sie einen Tempel in die Erde, so fein ausgearbeitet, dass wir in ihm erkennen können, wie die oberirdischen Anlagen einst aussahen: Mit Fenstern und Türen und vor allem mit einer Dachkonstruktion, die hier sicher nicht nötig war, aber wiedergibt, wie die Archi-

tekten über Tage arbeiteten. Frei von den Notwendigkeiten einer tragenden Konstruktion legten sie Ebene um Ebene an, Raum um Raum und ließen Wände entstehen, die zum Teil nur wenige Zentimeter dick sind. Hier legten sie ihre Toten in Nischen ab, bedeckten sie mit Erde und gaben ihnen Geschenke mit auf den Weg, die sie in gesonderten Nischen und Räumen deponierten. Miniaturen aus Terrakotta zumeist, die Figuren, Tiere, Menschen darstellten. Unter ihnen auch die nur zwölf Zentimeter lange „Sleeping Lady" und das Modell eines Tempels, das uns das Vorhandensein eines Daches belegt. So lebten, arbeiteten und starben sie, bis sie um 2500 v. Chr. auf einmal verschwanden.

Aber war es wirklich so? Als sei das nicht alles schon genug von geheimnisvoller Ferne umweht, müssen wir heute an manchen dieser ohnehin kargen Aussagen zweifeln und zugeben, dass wir fast nichts darüber wissen, was in den 1500 Jahren dieser Tempelkultur geschah.

Warum sind diese Menschen überhaupt auf die Insel gekommen? Sizilien war zu dieser Zeit nicht überbevölkert. Und sie mussten alles mitbringen, was man als Bauer braucht: Tiere und Saatgut vor allem, denn auf dem damals bewaldeten Malta lebte nur ein wenig Rotwild. Was bringt Leute also dazu, eine bis heute fruchtbare Gegend zu verlassen, um sich unter härtesten Bedingungen auf einer entlegenen Insel anzusiedeln? Wur-

JUNGSTEINZEIT

Das Neolithikum ist nur eine ungefähre Zeitangabe zwischen der letzten Eiszeit (Ende etwa 10 000 v. Chr) und der Erfindung der Bronze (um 2800 v. Chr.). Als Kulturstufe ist das Neolithikum durch entscheidende Neuerungen im Leben der Menschen gekennzeichnet: Sesshaftigkeit, Landwirtschaft, die Erfindung der Töpferei gehören dazu. Allerdings verlief die Jungsteinzeit in verschiedenen Regionen ganz unterschiedlich. So wurde in Japan die Töpferei (um 13 000 v. Chr.) lange vor der Landwirtschaft erfunden, in Nordmesopotamien bauten Menschen um 9600 v. Chr., lange vor der Töpferei, große Tempel. Die Landwirtschaft setzte sich in Europa zwischen 5500 und 4500 v. Chr. aus Osten kommend durch.

Im jüngsten Tempel von Tarxien steht der Torso einer ehemals fast drei Meter hohen Figur. Daneben der einer sitzenden, auch sie krankhaft fett

den sie vertrieben? Flohen sie vor Seuchen? Wir wissen es nicht.

Dass die frühen Templer als Bauern die Insel bestellten, ist allerdings pure Annahme. Nahe liegend zwar, denn von irgend etwas müssen sie ja gelebt haben, aber tatsächlich nicht erwiesen. Das einzige steinzeitliche Dorf auf Malta, Skorba, stammt aus der Zeit, als die Tempelbauer noch nicht hier waren, das nächstjüngere aus der Zeit, als sie schon wieder verschwunden waren. Sie selbst haben kein einziges Dorf hinterlassen, keine Feuerstelle, nicht einmal das, was man aus allen alten Kulturen kennt und was viel über den Alltag der Menschen aussagt: Müll.

Die Keramik, die sie brannten, findet sich ausschließlich in den heiligen Stätten, wo sie sehr wahrscheinlich kultischen Zwecken diente. Man findet sie sogar auf der winzigen Insel Filfla, die den Großtempeln Hagar Qim und Mnajdra direkt gegenüberliegt. Sie ist so klein, dass sie sicher nicht bewohnt war, und sie steht wohl in kultischem Zusammenhang mit den beiden Anlagen. Rückschlüsse auf den Alltag kann man auch aus diesen Scherben nicht ziehen. Es sieht aus,

als hätten die Menschen alles Profane mitgenommen, als sie die Insel verließen. Auch eine bestimmte gesellschaftliche Struktur ist nicht erkennbar. Gräber höher gestellter Personen? Fehlanzeige. Grabbeigaben? Nur die vielen schönen Dinge aus dem Hypogäum, die sich aber keiner bestimmten Person zuordnen lassen. Anders als im größten Rest der damaligen Welt finden wir keine „Fürstengräber" oder sonstige Hinweise auf höhere oder niedrigere Ränge in der Gesellschaft. Und Wohnbauten unterschiedlicher Größe, die auf eine materielle Schichtung schließen lassen, sind auch nicht zu finden, es sind überhaupt keine vorhanden.

Auch Waffen fehlen. Das sieht auf den ersten Blick nach einer friedlichen, konfliktfreien Gesellschaft aus, aber auf den zweiten muss man leider sagen: Das sieht nach gar nichts aus. In anderen Kulturen, wie der etwas älteren Steinzeitkultur im türkischen Catal Hüyük, finden sich solche sozialen Differenzierungen auch nicht, aber dort lässt sich das Fehlen einer sozialen Hierarchie wenigstens an Alltags- und Bestattungsfunden nachweisen. Auf Malta nicht einmal das.

Wir wissen auch nicht, wer im Hypogäum beerdigt wurde. Dort finden sich die Überreste von etwa 7000 Menschen. Folglich scheint dies der unterirdische Friedhof der frühen Malteser gewesen zu sein. Aber hier lohnt es sich nachzurechnen: Der Erdtempel war wahrscheinlich über tausend Jahre in Gebrauch, also wurden hier

pro Jahr höchstens sieben Personen bestattet, wo sind die anderen? Zwar können Altertumsforscher nur hoffen, einen Bruchteil der menschlichen Überreste vergangener Zeiten zu finden. Allerdings sind die Erhaltungsbedingungen für Knochen in trockenen Höhlen aus alkalischem Kalkstein geradezu ideal.

Was auch bisher nicht erforscht wurde, ist die Frage nach Alter und Geschlecht. Sind besonders viele sehr Junge und Alte unter den Toten? Und Männer und Frauen zu gleichen Teilen? Das wäre zu erwarten, denn in dieser Zeit starb man als Kind oder man hielt durch. Oder ist es wie in einigen neolithischen Begräbnisstätten des Vorderen Orients, wo in der Mehrzahl junge erwachsene Männer niedergelegt wurden, die entweder einer Elite angehörten oder gefallen waren oder gar geopfert wurden?

In etlichen Kulturen des Mittelmeerraums gab es bis in unsere Tage den Brauch, Tote zu beerdigen, nach einem Jahr wieder auszugraben und die Knochen erneut zu bestatten. So scheint es auch auf Malta gewesen zu sein. Es ist also noch nicht einmal ausgemacht, dass die Toten des Hypogäums auf Malta gestorben sind.

Experten schätzen, dass die kargen Inseln in der Steinzeit nur etwa 1600 Menschen auf einmal ernähren konnten. Wenn man bedenkt, dass das durchschnittliche Lebensalter in der Jungsteinzeit nur 25 Jahre betrug, können in den 2500 Jahren der Tempelzeit 160 000 Menschen gelebt haben und gestorben sein.

WO SIND IHRE HÄUSER, WO DIE TIERE'

Ganz klar: eine Frau. Aber diese Eindeutigkeit ist selten bei den maltesischen Figurinen

ZEITLEISTE

5000 v. Chr.	4200 v. Chr.	3800 v. Chr.	3300 v. Chr.	2500 v. Chr.	2000 v. Chr.
Menschen besiedeln Malta von Sizilien aus	In Skorba existiert eine Dorfgemeinschaft	Neue Siedler kommen aus Sizilien. Sie bauen die ersten Tempel	Bau des Hypogäums	Letzte Nutzung der Tempel, danach ist Malta unbewohnt	Neue bronzezeitliche Siedler

Das erst vor kurzem wieder entdeckte Hypogäum auf Gozo mag sich als ebenso groß erweisen wie das in Hal Saflieni, aber das reicht nicht aus: Um 160 000 Menschen zu bestatten, hätte man über die Jahrtausende schon 23 Hypogäen zu 7000 Toten gebraucht. 23? Seltsamerweise ist dies die genaue Zahl der oberirdischen Tempel. Sollte es möglich sein, dass zu jedem dieser Tempel, in denen das Leben gefeiert wurde, ein Totenreich tief im Fels gehörte, das nur noch nicht entdeckt wurde? Schließlich wurde auch das Hypogäum erst 1902 bei Bauarbeiten angegraben, der Fund allerdings zunächst verschwiegen.

Allein dem Engagement des „Vaters der maltesischen Archäologie", Themistokles Zammit, ist es zu verdanken, dass an der Straßenecke in Paola heute ein Museum steht und kein Wohnhaus mit Leichen im Keller. Haben die haltlose Bautätigkeit der Johanniter und das rasante Wachstum der maltesischen Gesellschaft seit der englischen Kolonialisierung verdeckt, was vorher leicht zugänglich war? Man sollte es kaum glauben, dass auf Malta noch unentdeckte Fundstellen existieren, aber unmöglich ist das nicht. Auch das gozitanische Hypogäum wurde erst in den neunziger Jahren identifiziert, und das, obwohl Colonel Otto Bayer hier 1839 schon einmal gegraben hatte. Hätte nicht der Maler Karl Friedrich von Brocktorff das damalige Geschehen im Bild festgehalten (siehe Abbildung unten), man hätte die Stelle nie wieder gefunden.

Themistokles Zammit war es auch, der die „Sleeping Lady" barg und in Tarxien die größte Statue einer Magna Mater, wie er es nannte, ausgrub. Diese „Große Erdmutter" passte gut zu der Vorstellung einer matriarchalischen Gesellschaft, wie sie Ende des 19. Jahrhunderts aufkam.

Es gibt auch heute Menschen, die gern eine Verbindung sehen wollen von der altsteinzeitlichen Venus von Willendorf über die maltesischen Figuren, den antiken Aphroditekult bis zur Jungfrau Maria. Eine lange Zeit der Göttinnen, die irgendwann in der Antike von patriarchalischen Herrschaften abgelöst wurde. Zumindest für die „Fat Ladies" von Malta muss man das bezweifeln. Tatsächlich lassen die bis zu 2,8 Meter hohen, oft aber auch nur wenige Zentimeter großen Figurinen wesentliche weibliche Details vermissen. Sie haben weder Brüste noch eine dargestellte Vulva. Einige Figuren, unter ihnen die wunderbar elegante „Sleeping Lady", haben das jedoch, und wir wissen, dass die Künstler jener Zeit auf deutliche Geschlechtsattribute nicht verzichteten. Diese Abbildungen sind jedoch in einer kleinen Minderzahl.

Die meisten „Fat Ladies" haben eindeutig und in der Darstellung absichtlich keine Geschlechtsmerkmale. Ihre Brustregion ist, wenn überhaupt, wie die eines Mannes gestaltet. Wieso werden sie dann als Ladies bezeichnet? Es steht zu befürchten, dass das allein an ihrer Körperfülle liegt: Nur weil jemand groß und dick ist und weich und warm aussieht, beginnt unser Stammhirn Mama zu schreien. Und das geht offenbar auch Archäologen so.

Männer scheinen hier aber auch nicht dargestellt zu sein, obwohl die Bekleidung der „Fat Persons", wie wir sie jetzt nennen wollen, sie ein wenig wie Sumoringer erscheinen lässt. Vielleicht sehen wir hier Kastraten, die für Zwecke gemästet wurden, die wir nicht kennen.

Was wir wissen, ist, dass es den Maltesern gelang, Anlagen zu bauen, für

Karl Friedrich von Brocktorff malte 1839 die Ausgrabungen auf Gozo.
Ohne dieses Bild hätte man die Totenhöhle 1995 nicht wiedergefunden

Drei Stockwerke, elf Meter tief führt das Hypogäum in den Fels. Womöglich sind auf Malta noch weitere Totenstätten wie diese verborgen

Ein Raum des Hypogäums ist weitläufig mit Spiralmustern aus italienischem Ocker verziert. Warum nur er?

MEGALITHKULTUR

Ein irreführender Begriff. Die Kultur der „großen Steine" suggeriert einen Zusammenhang zwischen den maltesischen Tempeln, den Mauern von Jericho und Stonehenge, denn all diese Bauten werden gern als Megalithkultur bezeichnet. Sie eint der Einsatz großer Steine für ihre Bauten, aber es trennen sie Räume und Zeiten, die den Begriff Kultur als den einer zusammenhängenden Welt von materiellen, rituellen und sozialen Techniken unangemessen erscheinen lässt. Die Tempel von Malta hatten mit den Hünengräbern in Norddeutschland nichts zu tun, außer dass in beiden eben Steine verwendet wurden.

die es Planung, Know-how und vor allem Zeit brauchte. Bei einer Bevölkerung von 1600 Menschen muss es schwierig gewesen sein, Hundertschaften zu einer Arbeit abzustellen, die niemanden ernährte.

Daniel Clark von der Uni Bristol hat errechnet, dass für den Bau des Ggantija-Tempels rund 15 500 Manntage gebraucht wurden, 155 Personen hätten also 100 Tage gebraucht, 50 Personen ein Jahr. Clark nennt eine Bauzeit von drei Jahren, wenn man die Zeit berücksichtigt, die die Tempelbauer der Landwirtschaft widmeten.

Ein Manko dieser Rechnung ist die Bauzeit von drei Jahren, denn niemand weiß, ob sie en bloc verstrich. Sicher: Länger hätte man selbst für einen großen Tempel wie den von Ggantija nicht benötigt, aber man hätte auch den Kölner Dom in 25 Jah-

WIE KÖNNEN EIN PAAR BAUERN SOLCHE **TEMPEL** ERSCHAFFEN?

ren errichten können und hat dennoch 600 gebraucht. Clarks Angaben erlauben aber eine Gegenrechnung: In 1500 Jahren entstanden 25 Tempel und Hypogäen unterschiedlicher Größe und Ausstattung, somit im Durchschnitt alle 60 Jahre einer. Wenn sich die Mannschaft ausschließlich der Bautätigkeit gewidmet hätte, wäre eine Bauzeit von einem Jahr pro Tempel wahrscheinlich. Somit hätte es aber schon genügt, wenn sich die bauenden Bauern 1/60 Jahr, also 6 Tage pro Jahr, damit beschäftigt hätten. Wohl gemerkt: im Durchschnitt. Vielleicht haben sie sich 20 Tage im Jahr den Tempeln gewidmet, aber nicht ständig gebaut, sondern auch geopfert und bestattet. Und womöglich kamen sie auch nicht als Baukolonne, sondern brachten ganze Familien mit. Damit erhebt sich aber die Frage: Mussten sie dafür überhaupt auf der Insel

„Nur ein einziges Skelett"

Fragen an Dr. Bonanno, Leiter des „Department of Classics and Archaeology" an der Universität von Malta und Erforscher des Gozo-Hypogäums

MERIAN: Dr. Bonanno, was wissen wir eigentlich über das Leben der Tempelbauer?
Ich fürchte, dass wir über ihren Alltag und ihre Behausungen so gut wie nichts wissen, im Gegensatz zu den reichen Funden aus den Tempeln und Gräbern. Die Erklärung könnte sein, dass sie ihre Häuser aus sehr vergänglichem Material gebaut haben.
Im Lauf der Zeit müssen abertausende Personen auf Malta gelebt haben und gestorben sein. Wo sind ihre Überreste? Oder gibt es Hypogäen, die noch nicht gefunden wurden?
Ich glaube schon, dass man die Existenz weiterer Hypogäen annehmen kann. Das in Gozo ist ja auch erst vor kurzem entdeckt worden.

Im Hypogäum auf Malta ruhen rund 7000 Menschen. Sind diese Toten als Leichen beerdigt worden oder hat man nur ihre Knochen niedergelegt?
Offenbar Letzteres. Bei der Begräbnisstätte im Xaghra-Steinkreis von Gozo haben wir nur ein paar intakte Skelette gefunden, der Rest war zerschlagen und wahllos verstreut. Aus dem Hypogäum kennen wir sogar nur ein einziges vollständiges Skelett.
Vielleicht lebten die Tempelbauer ja in Sizilien und kamen nur für ein paar Wochen im Jahr nach Malta, zu einer Art Wallfahrt mit Tempelbau?
Nein. Sicher nicht. Wir haben nicht den geringsten Hinweis darauf, dass sie regelmäßig von außerhalb hergekommen sind.

EINMAL IM JAHR EINE WALLFAHRT AUF DIE INSEL?

leben? Hätte es nicht gereicht, für einige, vielleicht heilige Wochen aus Sizilien herüberzukommen? Erklärt sich der Mangel an Funden aus dem täglichen Leben der Steinzeitbauern vielleicht daraus, dass es nicht auf Malta, sondern auf Sizilien stattfand? Vorstellen kann man sich das schon, Wallfahrten zu Heiligtümern gibt es in fast allen Kulturen und meist brauchen sie erhebliche Zeit und Energie. Die Ausrichtung des Tempels von Mnajdra auf den Punkt, an dem zur Tag- und Nachtgleiche am 20. März die Sonne aufgeht, verweist auf einen anderen Umstand: Im späten Winter kommt der Wind auf Malta meist aus Nordwest, und das heftig, gegen Ende März jedoch verziehen sich die europäischen Tiefdruckgebiete nach Norden und machen dem warmen und auch sehr kräftigen Südwind Platz. Wer sich also Mitte März in Sizilien aufs Meer begibt, kommt fast zwangsläufig nach Malta – und wenig später wieder zurück.

Beziehungen zwischen Malta und Italien haben stets bestanden. Die Klingen aus Obsidian, die in den Tempeln gefunden wurden, stammen aus Pantelleria und von den Liparischen Inseln, der Ocker, mit dem die Wände des Hypogäums verziert wurde, ist aus Apulien und der Alabaster, aus dem diverse Beigaben gefertigt sind, wurde aus dem Osten Siziliens eingeführt.

Es gibt zwar Argumente dafür, dass der Kontakt nachließ – die Obsidianfunde werden zum Beispiel im Lauf der Zeit geringer – dem stehen aber auch Argumente entgegen. So finden sich beim jüngsten und weitläufigsten Tempel in Tarxien Darstellungen von Schiffen, was wohl bedeutet, dass sie für die frühen Malteser wichtig waren, auch noch in der späten Phase ihrer Kultur. Ganz entscheidend aber dürfte sein, dass man vom höchsten Punkt Maltas aus die sizilianische Küste mit bloßem Auge sehen kann und sie somit Anziehungspunkt blieb, selbst wenn die Beziehungen einmal in Vergessenheit geraten sein mögen.

Es klingt phantastisch, und die Archäologen halten diese These für unhaltbar: Womöglich war der gesamte Archipel ein Heiligtum, was auch das Verschwinden der frühen Malteser um 2500 v. Chr. erklären könnte – sie wären dann keine Malteser gewesen, sondern Sizilianer, die nicht wiederkamen, weil sie sich in der beginnenden Bronzezeit neuen Kulten und Kulturen zugewandt hatten. □

MERIAN | TIPP

DIE GROSSEN TEMPEL

(I 6) Tarxien In der größten Tempelanlage Maltas lernt man Aufbau und Elemente der jungsteinzeitlichen Bauten am besten kennen, zumal hier auch Kopien von Skulpturen und Steinfriesen aufgestellt sind.
Bus 8, 11, 12, 13, 27, 29, 30, 427, tgl. 8-17 Uhr, Eintritt 1 Lm

(H 6) Hypogäum Dreigeschossige Kulthöhle mit vielen architektonischen Elementen, die auch in den überirdischen Tempeln zum Kanon gehörten. Busse wie oben. Zutritt nur im Rahmen der täglichen Führungen um 9, 10, 11, 13, 14, 15 und 16 Uhr. Die Führungen sind oft weit im voraus ausgebucht. Am besten bucht man sie vor Reiseantritt im Internet: www.heritagemaltashop.com. Ticket 4 Lm, erm. 2 Lm, kein Zutritt für Kinder unter 6 Jahren.

(G 7) Hagar Qim und Mnajdra Anders als Tarxien sind diese beiden Tempel nicht von moderner Wohnbebauung umzingelt, sondern stehen in schönster freier Natur nahe dem Meer etwa 500 m voneinander entfernt.
Bus 38, 138. tgl. 8-17 Uhr, Eintritt je 2 Lm, für beide Tempel 3 Lm

(C 2) Ggantija Der größte und einer der ältesten Tempel des Archipels steht auf Gozo. Hier sind der größte verarbeitete Stein (1000 t) und Teile der Dachkonstruktion zu sehen.
Tgl. 9-17 Uhr, Eintritt 1,50 Lm

>> weitere Tipps im Service-Teil auf Seite 114

Viel Fett, kein Kopf, kein Geschlecht: Was für Menschen sind hier dargestellt?

MATRIARCHAT

Matriarchat ist ein Begriff mit vielen Definitionen. Die einen verstehen darunter Gesellschaften, in denen Männer und Frauen gleichberechtigt sind, andere sehen generell herrschaftsfreie Gesellschaften und dritte solche, in denen Frauen Macht über Männer ausüben. Archäologen können über die Struktur einer Gesellschaft nur so viel erfahren, wie sich materiell niederschlägt, etwa in Wohnstätten, Schmuck oder Grabbeigaben. Ein Grund, warum die meisten Wissenschaftler diesen Begriff vermeiden.

Gut besucht: Der Schlepper „Rozi"
liegt 150 Meter vom Fähr-
anleger nach Gozo entfernt aufrecht in 36 Meter Tiefe

Text:Marc Bielefeld, Fotos:Harald Mielke

Maltas reiche Geschichte hat auch jenseits der Klippen ihre Monumente. Im klaren Wasser liegen dort Schiffskadaver aus allen Zeiten und warten auf Taucher

Spurensuche in der TIEFE

Gut erhalten: „Popeye's Barge", einst voller Filmstars, heute voller Seesterne

Silbrige Brandbrassen schwimmen durch das dunkelblaue Wasser, eiserne Stümpfe, von Rost zernagt und Algen umschlungen, ragen aus dem Sediment, und jedesmal wenn Ned Middleton zu diesem Wrack hinabtaucht, legt er eine Gedenkminute ein. Eine Minute regungsloses Verharren neben verbogenen Bullaugen und einer pockennarbigen Ankerkette – im Gedenken an das Schicksal der HMS „Maori".

Es ist eine grünblaue Geisterstunde am Meeresgrund vor Marsamxett Harbour. Nur das dumpfe Rauschen der Atemblasen aus den Pressluftflaschen ist zu hören. Modrige Luken gucken aus dem Sand, Luken, durch die früher Matrosen krochen und Geschosse hievten. Die Eisenträger der einstigen Decksaufbauten, nach über 60 Jahren längst mit Pflanzen und violetten Fadenschnecken überzogen, greifen ins Dämmerlicht, und erst im Schein der Taucherlampe zeigt der stählerne Sarg seine wahre Farbe: ein totes, unheimliches Rostbraun. Ned Middleton, Taucher und Unterwasserfotograf, kennt die Wracks vor Malta und ihre Geschichte gut. Gut genug, um noch immer Haltung anzunehmen, wenn er zu ihnen runter-

geht. Denn was hier unten in der Tiefe über Jahrzehnte vor sich hinrottet, sind nicht nur gesunkene Schiffe. Es sind nasse Gräber mit teils blutiger Vergangenheit.

Die „Maori" lief 1937 vom Stapel, ein britischer Zerstörer der Tribal-Klasse, und das Schiff sollte stürmische Zeiten durchfahren. Beim Ausbruch des Zweiten Weltkrieges lag sie im ägyptischen Alexandria. Später eskortierte sie Konvois der Alliierten durch den Nordatlantik, griff Rommels Nachschublinien im Mittelmeer an, und sie war jenes legendäre Boot, dem es 1941 gelang, den Radarkontakt zu Deutschlands berühmtestem Schlachtschiff „Bismarck" wiederherzustellen – bevor dieses dann endgültig versenkt wurde. „Her Majesty's Ship Maori" lag 1942 am Eingang von Maltas Dockyard Creek, als eine deutsche Bombe den Maschinenraum traf, Wasser einbrach und das Schiff heckwärts in die Tiefe ging. Heute darbt das altehrwürdige Wrack nördlich von Fort St. Elmo vor sich hin, bis zu 17 Meter unter Normalnull, zersetzt und halb vom Meer zerfressen, eine schaurig-schöne Taucherattraktion. Die „Maori" ist nur einer von dutzenden Bootskadavern, die rund um Malta auf Grund liegen. Die Gewässer um den Archipel sind ein Schiffsfriedhof, und neben dem klaren Wasser, den Grotten, Steilwänden und mariti-

> Nach den Algen kommen Polypen. Dann kleine Fische und dann die Barrakudas

Mit allen Aufbauten liegt die „Um el-Faroud" in Maltas Süden

Unlenkbar: die „Imperial Eagle" war einst eine Autofähre

men Höhlen sind es vor allem die gesunkenen Tanker, Zerstörer und U-Boote, die Taucher aus aller Welt anziehen. Wracks üben eine sonderbare Faszination aus. **Es sind Symbole des Vergehens, tiefgelagert in jenem Element, das für die Geburt allen Lebens steht: dem Meer.**
Doch es waren nicht nur Bomben, die einige der Schiffe vor Malta in die Tiefe geschickt haben. In den letzten zehn Jahren haben die Malteser einige ausrangierte Schiffe ganz gezielt versenkt – um künstliche Riffe entstehen zu lassen und somit neue Unterwasserziele für Hobbyaquanauten. Der 40 Meter lange Hafenschlepper „Rozi" ist so ein Kahn. 1991 sackte er 150 Meter westlich vor Marfa Point ab. Die Taucher ziehen hier über eine zerklüftete unterseeische Klippe hinweg, ein großer Anker ist bald tief unten im Sandbett zu erkennen, und ab jetzt geht es im schrägen Sinkflug immer weiter hinab, bis sich die Umrisse des Boots im dunkler werdenden Blau abzeichnen. Ein intakter Pott liegt da auf Grund, aufrecht in den Sand gerammt. 25 Meter zeigt der Tiefenmesser, als das Wrack jetzt hautnah ist und die Hand über den glitschig bewachsenen Schornstein fährt. Ein wundersames Rendezvous im Meer. Und dann schwebt man weiter hinab, fliegt mitten durch das ehe-

malige Ruderhaus, durch die jetzt rostigen Kabinen, ein vermodertes Badezimmer ist zu erkennen, dann der Gleitflug über den Bug, Stahlplatten und Trossen liegen kreuz und quer, und anschließend landet man neben dem Wrack auf dem Boden der See, in 36 Meter Tiefe. **40 Meter sind das Limit für normal lizenzierte Sporttaucher, andernfalls drohen Stickstoffrausch und Dekompressionsstopps.**
Ein Mönchsfisch zieht hier unten seines Weges, Drachenköpfe lümmeln sich, Barben und langflossige Meerjunker. Und Pflanzen wuchern: Das Wrack lebt. Es zu betauchen heißt, Verderben und Gedeihen Seite an Seite zu erleben. Denn kaum ist ein Schiff gesunken, bemächtigt sich seiner die Natur. „Schon nach wenigen Stunden siedeln sich erste Algen an und umhüllen das Metall", sagt Martin Vella, 49, Vorsitzender der Malteser Marine Foundation, die sich um den Schutz der Gewässer vor den Inseln kümmert. Und der Mann mit der Glatze und dem grau melierten Bart, der taucht, seit dem er zwölf ist, kann die Zauberwelt an den Wracks vielleicht am besten beschreiben.
„Sobald sich die ersten Algen festgesetzt haben, lagern sich Larven und Fischeier am Wrack ab, es folgen Polypen, Weichkorallen, je nach Strömung und Wassertemperatur schon nach

einigen Monaten", erklärt Vella. „Dann finden die ersten kleinen Fische Nahrung, und nach einigen Jahren folgen die größeren Jäger, Tunfische, Barsche, Barrakudas." Es ist beeindruckend: Aus einem Haufen Schrott entsteht ein neuer Lebensraum. Kuriose Metamorphosen, die vor Malta an vielen Tauchplätzen zu beobachten sind. Wie auch am 109 Meter langen libyschen Frachter „Um el-Faroud" vor der Nordküste oder an der so genannten „Popeye's Barge", die man nach den Dreharbeiten für den „Popeye"-Film 1980 bei Cirkewwa voll laufen und untergehen ließ. Heute gedeiht rund um die Barke ein buntes Biotop. Zylinderrosen wachsen neben kriechenden Nacktschnecken, im Meer blüht es, die Farben sprühen.

Einfach und billig seien solche Projekte der künstlichen Riffbildung allerdings nicht, sagt Vella und fährt sich durch den gestutzten Bart. „Wir müssen vorher Biologen und Ingenieure beauftragen, denn nur wenn andere maritime Lebensräume nicht gestört werden und das Schiff für Taucher sicher ist, erlaubt uns die Umweltbehörde, ein Boot zu versenken." Doch sind dies nicht die „wahren Wracks", wie der Engländer Jonathan Thomas, 45, Präsident der Vereinigung Malteser Tauchschulen, sagt. „Ein wahres Wrack ist ein Schiff mit Vergangenheit, mit Historie. In Schlachten gesunkene Schiffe haben einfach andere Aura." Thomas spricht von einem vermuteten amerikanischen B-24-Bomber vor der Südküste, zu dem noch keine Menschenseele abgetaucht ist.

Vor Malta sollen noch zig solcher Wracks warten, bis heute unentdeckt und ungestört. Meist sind es die Fischer, deren Schleppnetze sich in der Tiefe an einem großen Gegenstand verfangen und die die Tauchbasen anschließend bitten, die Netze wieder freizubekommen. Nicht selten folgen hochspannende Unterfangen. Denn jedesmal wenn die Spezialisten zu den Netzen hinabtauchen, könnte sich ein neues Wrack dahinter verstecken. Ist es erst einmal gefunden, sind Messungen per Echolot nötig, Positionsbestimmungen per GPS sowie Recherchen in Marinearchiven und Artikeln alter Ausgaben der *Times of Malta*. **Und manchmal dauert es Jahre, bis Name und Schicksal eines Wracks entschlüsselt sind.** Dabei könnte man sogar noch Überresten, Planken und Münzen römischer Galeeren auf die Spur kommen, 2000 Jahre alt. Unbezahlbare Schätze der Geschichte, die für Sporttaucher freilich gesperrt würden.

„Es ist zu windig", sagt Lothar Milling und blickt auf die aufgewühlte, schaummäulige See vor St. Paul's Bay. Der deutsche Tauchlehrer, der seit vier Jahren auf Malta eine Station betreibt, will zu einem Schatz ganz anderer Art hinab. Zur HMS „Stubborn", einem britischen Unterseeboot der S-Klasse, 1946 gesunken. Ein sehr gut erhaltenes Wrack, das heute drei Seemeilen im Nordwesten vor Malta dem Salzwasser trotzt. In 56 Meter Tiefe.

Am nächsten Morgen flaut der Wind ab. Kapitän Sammy, gelernter Fischer mit krächzender Stimme und blitzender Goldkette um den braunen Hals, scheucht sein Boot durch die Dünung. Vorn im Bug hängt ein kleines Jesusbild. „Der beschützt uns Fischer", sagt Sammy und blickt aufs GPS.

Nach 20 Minuten Fahrt stoppt er das kleine Fischerboot über dem Wrack. Nur wenige kennen die genauen Koordinaten des U-Boots, und nur wenige können die Shotline, die Abtauchleine, so zielsicher in die Strömung werfen, dass die Grundgewichte nur Meter neben dem Wrack landen. Ein langes Suchen dort unten wäre sinnlos. Zu hoch der Luftverbrauch in solcher Tiefe, zu hoch die Risiken eines verzögerten Aufstiegs. Platsch. Das Wasser ist kalt, gerade mal 16 Grad hat es an diesem Tag Mitte April. Beim Blick durch die Maske ist die einzige Referenz in den Abgrund die dünne, weiße Nylonleine, die sich ab zehn Meter im endlosen Blau verliert. Die Luft entweicht aus der Tarierweste, und dann kommt der Fall kopfüber in die Leere.

Mit zunehmender Tiefe sinkt man immer schneller, das Blau wird jetzt dunkler, die Oberfläche nur noch eine diffuse, milchige Sphäre. 20 Meter, 30, 35, der Blick haftet auf dem Tiefenmesser, und dann, in 42 Meter endlich, bricht das U-Boot schemenhaft aus dem blauen Nichts. Die Konturen werden schärfer, doch erst in über 50 Meter Tiefe, wenn der Taucher schräg über dem Boot schwebt, entfaltet es seine wahre Größe.

Eine 66 Meter lange Stahlröhre mit tausend Tonnen Verdrängung thront da mit leichter Backbordneigung auf dem Grund. Es ist ein großartiger, mystischer Zossen. Gerade mal acht Minuten Grundzeit gewährt einem der Wasserdruck hier unten, beinahe sieben Bar sind es, das Siebenfache des Oberflächendrucks. Und wer dann ganz dicht neben dem Boot herschwimmt und mit den Händen an der Außenhaut entlangfährt, der sieht auf einmal die Männer vor seinem geistigen Auge auftauchen, wie sie zusammengepfercht in ihren Kojen kauern, mit angstvollen Blicken in der Zentrale, der hört das Dröhnen der Diesel und die Wasserbomben und sieht das Boot noch einmal leibhaftig durch die stürmische See stampfen. Und dann ist es vorbei. Der Blick wandert hoch. Mehr als 50 Meter unsäglich tiefe Bläue lasten über dem Wrack. Es ist höchste Zeit für den Aufstieg. Nach oben, zurück zur Sonne. □

Marc Bielefeld, *Sportler, Abenteurer und Schreiber, hat seine Leidenschaft zum Beruf gemacht. Auch auf Malta.*

MERIAN|TIPP Tauchen vor Malta

Spannend: Tauchen in einer der vielen Höhlen

Mad Shark Diving Malta (deutsch) Tel. 99 24 18 72, www.tauchen-auf-malta.de, www.madsharkmalta.com
Deep Blue Malta (englisch) Tel. 21 58 39 46, www.divedeepblue.com Weitere Infos: www.visitmalta.com

Double Arch
Ghasri Valley
GOZO
Blue Hole und Chimney
COMINO ○ L-Ahrax Point
Xlendi Cave und Xlendi Reef
„Rozi"
„HMS Stubborn"
„Imperial Eagle"
○ Weitere Tauchorte
Mittelmeer
„Popeye's Barge"
MALTA
Valletta
„HMS Maori"
Grand Harbour
Rabat
Ghar Lapsi ○
„Um el-Faroud"

Malta gilt als eines der besten Tauchreviere im Mittelmeer. Wegen der felsigen Inseln und fehlenden Einspülungen (etwa durch Flüsse) ist das Meer extrem klar mit Sichtweiten bis zu 60 Meter. 25 Wracks können von Sporttauchern rund um die Inseln betaucht werden, die meisten liegen in Tiefen von 20 bis 40 Meter. Mehr als 40 Tauchbasen bieten Kurse, geführte Tauchgänge und Bootsausfahrten zu vielen Spots an.

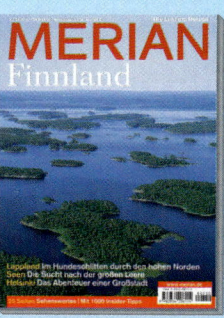

Helga Ellul ist die bekannteste Deutsche auf Malta. Bekannt und anerkannt: Als Chefin einer Spielwarenfabrik, die zu den größten Arbeitgebern der Insel gehört. Und als eine Frau, die es in einer konservativen, von Männern dominierten Gesellschaft geschafft hat

Text: Inka Schmeling

Mrs. Playmobil

Üppig rote Schmolllippen und runde blaue Augen mit langen Wimpern – ein mädchenhaftes, lebensgieriges Gesicht hat Helga Langer ihrem sonst so grauen VW-Käfer auf den Kotflügel und die beiden Vordertüren gemalt. Eine leicht übersteigerte Version ihrer selbst: „Jung und offen" fühlt sie sich, „alles ist Abenteuer". Sie ist 26 und bricht mit ihrem Käfer auf zur längsten Reise, die sie je alleine gemacht hat: Von ihrer Heimatstadt Zirndorf bei Nürnberg durch die Dolomiten, an Rom und Neapel vorbei bis Sizilien, und von dort mit der Fähre nach Malta.

Endstation. Für ein Jahr. So lange wird sie in der maltesischen Fabrik ihres fränkischen Arbeitgebers, des Spielzeugherstellers Brandstätter, die Lohnbuchhaltung übernehmen. Eine kleine Fabrik ist das, mit gerade 50 Arbeitern; die erste deutsche Firma, die eine Niederlassung auf Malta gegründet hat. Die Insel lockt mit zehn Jahren Steuerfreiheit und vor allem mit einer langen Schlange williger Arbeiter – hier gibt es 20 Prozent Arbeitslosigkeit, in Deutschland beinahe Vollbeschäftigung. Man schreibt das Jahr 1974.

Ein leichter Geruch steigt auf von dem vergilbten Papier, während Helga, heute mit Nachnamen Ellul und 58 Jahre alt, erzählt. Und in ihr altes Album schaut, auf die Fotos im viereckigen Format und den orange-rötlichen Farben der siebziger Jahre. Darauf trägt sie Jeans mit Schlag und blonde Zöpfe; heute trägt sie einen Hosenanzug und Kurzhaarfrisur. Aus dem einen Jahr Malta

wurden 32, aus der Lohnbuchhalterin wurde die Chefin der Fabrik und statt 50 Mitarbeitern hat sie nun 800; Brandstätter ist einer der größten Arbeitgeber auf der Insel. Das Unternehmen ist „quasi explodiert", sagt Ellul. Denn im selben Jahr wie sie selbst kam noch ein Erfolgsgarant in die maltesische Fabrik: das Playmobil-Männchen. Bei seinem Antrittsbesuch auf der Nürnberger Spielwarenmesse waren zwar die Investoren nicht sonderlich begeistert, die Kinder und Helga Ellul dafür umso mehr. Vor allem von „diesem einfachen, immer freundlichen Gesicht". Das wird in der Fabrik im „Bulebel Industrial Park" bei Zabbar gefertigt: aus Granulat geschmolzen, dann gefärbt und in Kugelköpfchenform gegossen. 75 Millionen Playmobil-Männchen werden im Jahr hergestellt, alle auf Malta.

Von ihrem künftigen Erfolg ahnt Helga Ellul noch nichts, als die ersten Fotos ihres Albums aufgenommen werden. Vielleicht ist es ihr auch egal; sie ist genug damit beschäftigt, sich in der Fremde einzuleben. Ist verwirrt über den Links- und den Kreisverkehr – am ersten Arbeitstag braucht sie eine Stunde für die wenigen Kilometer bis zur Fabrik. Und als sie endlich dort ankommt, schaut sie in ratlose Gesichter: „Du musst uns sagen, was wir tun sollen", fordern die Kollegen. „Nein", erwidert die Neue, „ihr müsst mir sagen, was ich tun soll."

Ein bisschen Heimweh bekommt sie. Zur Aufmunterung kauft sie sich orange Farbe, streicht damit die Wände ihrer neuen Maisonnette-Wohnung in Sliema und behängt sie mit bunten Schals und Postern. Und

gegen die Einsamkeit schenkt die Mutter ihrer maltesischen Freundin Anna ihr drei Hühnerküken. Lange ist sie ohnehin nicht allein: Die anderen Mädchen in der Fabrik nehmen sie mit nach Hause, ihre Mütter bekochen sie, ihre Brüder machen ihr den Hof. Als die „Germanisa", die Deutsche, wird sie inselweit bekannt.

Nicht, dass sie die einzige Deutsche wäre. Sie ist nur die einzige, die nicht allein unter Deutschen bleiben will. Die mitgeht in die Bars von Valletta, in die Clubs, zu Familienfeiern und Sportveranstaltungen. Sie trägt ein langes Abendkleid und hat ihre Haare hochgesteckt – der damals übliche Dresscode, erklärt Helga Ellul: „Selbst zum Abendessen kam man im langen Kleid. Malta war noch sehr altmodisch, als ich kam. Sehr steif und isoliert und in vielem typisch britisch." Die Feier zum Endspiel der maltesischen Tennismeisterschaft ist da keine Ausnahme. Man sitzt an Tischen mit weißen, gestärkten Decken, die Frauen im Kleid und die Männer im Smoking, die Hände liegen artig auf der Tischkante. Helga Ellul zieht das Album näher heran, zeigt auf den jungen, braun gebrannten Mann neben sich und sagt: „An dem Abend haben wir uns kennen gelernt." Sie und Joe. Mit Nachname Ellul, von Beruf Makler, mit Leidenschaft Tennisspieler, damals 28 und heute 60 Jahre alt. **Er kommt aus einer alten maltesischen Familie und ist, wie seine Frau sagt, „ein Südländer mit britischer Erziehung".** Warum er sich in sie verliebt, in ein deutsches Hippie-Mädchen, fragt sie sich selbst. Seine Antwort: Eben weil sie so an-

ders ist als die Mädchen, mit denen er aufgewachsen ist. Geradezu exotisch, auf dieser katholischen, konservativen Insel. Auf die nächsten Seiten im Album haben sie ihre frische Liebe geklebt, „Summer '74" schreibt Joe später verklärt an den Rand. Sie im Bikini an ihrem Lieblingsstrand. Beide auf einer Steinmauer auf Gozo, wo sie heute ein Bauernhaus besitzen. In ihrer Wohnung mit den orangefarbenen Wänden, in ihrem Käfer mit den blauen Augen und dem roten Kussmund. Es ist der Sommer, in dem sich für Helga Ellul das Leben dreht, weil sie sich verliebt. In den Mann, in die Insel, und in diese kleinen Männchen mit dem „immer freundlichen Gesicht".

Die Heimkehr nach Zirndorf zögert sie hinaus. Aus einem Jahr werden zwei, drei. Da ist sie 29 und muss sich langsam entscheiden: In Deutschland warten die Eltern auf sie und auf Malta wartet Joe auf eine Zukunftsperspektive. Er schenkt ihr einen Ring, sie zögert. Für immer Joe, das würde auch bedeuten für immer Malta. Eine Insel, die knapp 2000 Kilometer entfernt ist von ihrer Heimatstadt. Und kulturell fast noch weiter: Scheidungen sind bis heute illegal und in den siebziger Jahren pflegte eine maltesische Frau mit der Hochzeit ihre Arbeitsstelle aufzugeben.

Helga Ellul sagt ja, zu Joe und zu Malta. Ihr Brautkleid ist genäht aus maltesischer Spitze, die Trauung findet halb auf Deutsch und halb auf Englisch in einer kleinen Kirche in Birkirkara statt, in den Flitterwochen fahren sie dafür durch Deutschland.

Und dieser Mix blieb das Erfolgsrezept ihrer Ehe: Viel Malta, aber auch viel Deutschland. Was ihr wichtig ist aus ihrer Heimat, das nimmt Helga Ellul mit in die Fremde. Sie feiert Weihnachten am 24. und nicht, wie die Malteser, am 25. Dezember. An manchen Abenden brät sie Thunfischsteaks aus dem Mittelmeer, an anderen Rouladen. Ihre Eltern, ihr Bruder, ihre Freunde kommen häufig zu Besuch und in den Ferien zeigt sie ihrem Mann die verschiedensten Regionen und Städte in Deutschland.

Sie nimmt sich viel heraus, die Germanisa. Verhandelt mit Männern, als sei sie ihnen ebenbürtig. Sitzt wenige Tage nach der Geburt ihres Sohnes Christian und ihrer Tochter Chiara, heute 27 und 24 Jahre alt, wieder im Büro. Reist oft für einige Tage ins Ausland und lässt dann ihren Mann auf die Kinder aufpassen. Undenkbar für eine Malteserin. Als Germanisa geht es ihr gerade so durch. Die Männer gucken ihr ungläubig und die Frauen ehrfürchtig zu; „das könnt ihr auch",

feuert Helga Ellul sie an. „Leider trauen Malteser einem Ausländer meist viel mehr zu als sich selbst", bedauert sie. „Die verschiedenen Kolonialmächte scheinen ihnen aufs Selbstbewusstsein geschlagen zu haben."

Helga Ellul polstert das der Frauen ein wenig auf und wird zu ihrem Vorbild, sagt Anna Agius, ihre jahrzehntelange Assistentin bei Playmobil. Dank der überdurchschnittlich hohen Zahl an hier arbeitenden Frauen wird die Playmobil-Fabrik von den Maltesern auch „girls' factory" genannt. Auf Malta wird Helga Ellul so zum Vorbild einer ganzen Generation von Frauen.

Und wie das Playmobil-Männchen, unverwüstlich und frei von Dellen und Schrammen, macht auch Helga Ellul Karriere: Mit dem Plastikspielzeug wird die Firma Brandstätter zum umsatzstärksten deutschen Spielwarenhersteller. Bis heute wurden über 1,9 Milliarden Figuren hergestellt, in Reih und Glied würden sie fast einmal um die Erde reichen. Helga Ellul bekommt als erste Ausländerin den Verdienstorden der Republik Malta, ist noch heute die einzige Frau in der maltesischen Handelskammer und nun auch bei Rotary Präsidentin des Frauenvereins. Und, am eindrucksvollsten: Auch sie hat immer ihr freundliches Gesicht behalten. □

Ganz nah und doch so fern: Malta liegt in Sichtweite, und rund um die Uhr verkehren Fähren zwischen der Hauptinsel und dem gozitanischen Hafen Mgarr. Dennoch fahren die meisten Gozitaner höchst selten auf die andere Seite

Insel der Stille

Maltas kleine Schwester ist die Anmutigere: Grüner, mit den schöneren Stränden und ohne die Hektik der Hauptinsel, hält Gozo Schönheitsschlaf im blauen Wasserbett. Bitte nicht wecken!

Text: Marc Bielefeld, Fotos: Peter Hirth

Wild-West: Wo der *Fels* der Brandung trotzt

Steil ragt die steinerne Küste im Westen Gozos aus dem Meer. Von der Seeseite wagten sich früher nur Piraten hierher. Von Land kommen heute Wanderer, denen sich, wie hier bei Dwejra Point, dramatische Ausblicke bieten

Slow Motion: Der *Fortschritt* kann kommen

Zwei PS sind genau das richtige Tempo für Gozo: Victor Muscat kutschiert mit seinem Gespann in den Sommermonaten Touristen über die Insel. Staus und Rushhour kennt er nicht, er verursacht sie nicht einmal

ls auf Gozo vor einigen Jahren die erste und bis heute einzige Verkehrsampel der Insel errichtet wurde, brach das Chaos aus. Zu Hunderten kamen sie aus den Dörfern, und an den folgenden Sonntagen putzten die Alten ihre Autos auf Hochglanz und fuhren mit der ganzen Familie die Straße Richtung Rabat hoch, um sich die neue Attraktion an der Abzweigung nach Xewkija mit eigenen Augen anzusehen. Auf Gozo besit-

zen viele der älteren Bürger keinen Führerschein, fahren aber, aufgrund eines Gewohnheitsrechts, dennoch Auto. Und viele von ihnen hatten die rot-gelb-grün leuchtenden Masten bisher nur drüben auf Malta gesehen.

Auf den Straßen rund um die legendäre Gozo-Ampel stauten sich ständig die Autos über viele Kilometer, da wurde fröhlich gehupt und munter aus den heruntergekurbelten Fenstern diskutiert. Prompt ent-

1 In der „Wine Grapes Bar" in Rabat genießt man den heimischen Bishop's Wine 2 Oldtimerbusse und Schuluniformen sind typische Relikte der englischen Vergangenheit 3 Felder und Salinen: Der Norden Gozos ist größtenteils unbesiedelt 4 Charakteristisch für die Stadthäuser sind hölzerne Erker, ein architektonisches Detail, das von den Arabern übernommen wurde

schied die Inselregierung, die Ampel erst mal wieder abzuschalten.

Eine hübsche Anekdote, und sie vermag einiges über Gozo zu erzählen. Denn auf Maltas kleiner Schwesterinsel geht alles eine Spur altmodischer zu. Man mag es gemütlich und beschaulich, was schon an dem einen Wort zu erkennen ist, das wie ein Symbol der allgemeinen Stimmungslage alle zwei Kilometer auf die Straßen gemalt ist: Slow! Entsprechende Schilder stehen zwar auch auf Malta, aber dort ingnoriert man sie. Und hier befolgt man sie von Herzen.

Gozo ist ein wenig von der Welt vergessen und liegt noch seelenruhig im blauen Mittelmeer. Sicher, zwei, drei Internetcafés haben bereits eröffnet, es wird ernsthaft über einen Waschsalon nachgedacht, und die Jugend hat die ersten Wagen tiefer gelegt und brettert mit bombastisch lautem Techno-Sound durch die Samstagnächte. Der Fortschritt, das moderne Leben, sie sollen nur kommen. Aber, bitte schön, Schritt für Schritt.

John Falucci ist 62 Jahre alt, hat eine Stimme wie ein Reibeisen und ölige, graue Haare. Der australische Bootsmann kam vor 22 Jahren an Bord eines Tankers vorbei, blieb auf Gozo hängen und verliebte sich nicht nur in die Insel. Er heiratete und nennt das Eiland seitdem sein Zuhause. „Na ja", sagt er und lehnt sich aus seinem

Treffpunkt: Ein *Marktplatz* ohne Eitelkeiten

Woanders wäre die Pjazza Independenza ein unbedeutender kleiner Fleck. In Rabat ist sie das Zentrum des Universums. It-Tokk, Treffpunkt, nennen die Einheimischen den Platz, auf dem täglich Markt gehalten wird

Inselgeschichten: *Eigenbrötler* im Paradies

Paradies
zwischen Malta
und Tunesien: Gozo

klapprigen weißen Datsun, „alle zwei Jahre fahre ich nach Sydney und besuche Verwandte. Und jedes Mal, wenn ich nach Gozo zurückkomme, denke ich: Willkommen im Mickymausland. Hier ist eben alles klein und überschaubar. Ich mag das."

Die Insel ist ein Viertel so groß wie die Hauptinsel Malta, doch von den gut 400000 Maltesern des gesamten Archipels leben wenig mehr als 30000 auf Gozo. Das sind so wenige, dass man manchmal eine halbe Stunde lang keinen Menschen sieht, wenn man über die Landstraßen fährt, durch die vielen kleinen Dörfer wie Qala, Zebbug oder Munxar. Besonders im Winter und Frühjahr wirkt Gozo wie die Insel der hochgeklappten Bürgersteige und heruntergelassenen Rollos. Eine Insel, die in der Sonne schweigt.

Sechs Windstärken aus West haben die See an diesem Apriltag zur Buckelpiste aufgetürmt, und die Fähre von Cirkewwa stampft durch die Comino Channels von Malta nach Gozo. 25 Minuten dauert die fünf Kilometer lange Passage, und schnell kommt die gelbbraun zerschundene Küste näher. Gozo: auf den ersten Blick ein karges, kalksandsteinernes Gerippe, Felsen und gewaltige Klippen, die sich von Jahrmillionen zerwaschen steil ins Meer senken. Bald ist Mgarr in Sicht, Yachten und Fischerboote liegen in dem kleinen Hafen, helle Häuser ducken sich an die schroffe Küste, und dann betritt man ein anderes Reich. Kaum hat sich das Getümmel am Anleger aufgelöst, schluckt der Besucher Stille.

Doch schon auf der Straße nach Xewkija, nur wenige Kilometer im Inselinneren, offenbart sich noch ein ganz anderer Eindruck: Gozo, die Grüne, die Blühende. Auf den Terrassen werden Salat und Kohl geerntet, am Wegrand wachsen Minze, Tomaten, Basilikum und Thymian. Ziegen zuckeln über die Feldwege, und wo auf Malta vielerorts Steine und Geröll liegen, wächst hier Gras. Nicht umsonst gilt Gozo als der Garten Maltas, mit weniger Autos, ohne Fabrik, ohne einen größeren Supermarkt und mit erstaunlich wenigen Verkehrsschildern, die auch schon mal an eine schief stehende Pinie genagelt sind.

Die Dörfer dösen vor sich hin, die Plätze vor den Kirchen sind wie leergefegt, es scheint, als habe sich die Insel irgendwohin verkrochen. Nur eines gibt es im Überfluss: das Licht. Im Frühjahr ist es sehr hell, und die Schatten der Bäume, Zäune und Häuser legen sich gestochen scharf aufs Land. Aber wo ist das Leben? Wo sind die eigensinnigen Geschichten, die doch fast jede Insel zu erzählen hat?

Eine findet sich hier: in Xwieni Bay im Norden. Da gibt es ein großes Steinplateau, eine natürliche Treppe, die ins geschützte Meer führt. Und es gibt die Nonnen. Im Juli und August, wenn es so heiß wird, dass der Schweiß auf der Haut verdampft, halten es die Ordensfrauen selbst in den kühlen Klöstern nicht mehr aus und nehmen öfter ein Bad im Meer. In Hauben und voller Montur steht dann eine juchzende Traube schwarzgewandeter Damen im glasklaren Wasser, und jedes Mal, wenn wieder die ersten kamerabewehrten Touristen hinter den Felsen auftauchen, ziehen die Nonnen leise weiter und suchen sich einen neuen Geheimplatz zum Baden. So geht das jetzt schon seit Jahren.

Eine andere Geschichte ist die mit der Krawatte. Im Gerichtsgebäude neben der Zitadelle von Rabat müssen die Herren immer mal wieder vorstellig werden, um ein paar kleine Streitigkeiten aus der Welt zu schaffen, einen Pachtvertrag zu verlängern oder ähnliches. Und vor Gericht herrscht Krawattenzwang. Nun ist es aber so, dass Gozitaner Krawatten

partout nicht mögen, weil die den Hals zuschnüren, selbst bei Hochzeiten nicht zu gebrauchen und sowieso viel zu teuer sind. Und so fand man eine Lösung à la Gozo: Die Gemeinden taten sich zusammen – und kauften vor Jahren eine Gemeinschaftskrawatte. Wenn die einer braucht, setzt er sich in sein Auto und holt sie bei Bauer Marallos ab, der sie letzten Dienstag trug oder bei Anton aus Munxar, der vor drei Tagen mal wieder wegen zu schnellem Mofafahren vorsprechen musste. Die Krawatte, sagen sie, zierte schon Hunderte Hälse.

Es sind knorrige Geschichten. Skurril, ein wenig morbide, aber liebenswert. Es sind Geschichten, geschrieben von einer kleinen Insel, die seit tausenden Jahren im Blau zwischen Sizilien und Tunesien aushält; die Eroberern trotzte und unter Piraten litt, die viel mehr Kirchen als Dörfer hat und – so sagen sie jedenfalls – den mildesten und besten Ziegenkäse der Welt herstellt.

„Gozo ist wie ein Eigenbrötler, der im Paradies ausharrt", sagt Dimitri Covales mit großer Gestik. „So ganz allein im Meer, entwickelt jede Insel irgendwann ihre Macken." Der 38-Jährige hat das Eiland erst viermal verlassen und baut jeden Tag außer sonntags seinen Marktstand auf, an der Pjazza Independenza in Rabat (oder Victoria, wie die Engländer den Hauptort nannten). Dort verkauft er Turnschuhe, Bettwäsche, Feuerzeuge und dazwischen Tinnef aus Marokko.

Paradies – damit hat Covales nicht ganz unrecht. In den vielen schmalen und verwinkelten Buchten, oben in Marsalforn oder unten in Xlendi, schwappt karibikgrünes Wasser an die Felsen. Und da sitzen die Gozitaner nicht nur an den Wochenenden in den Cafés und gucken aufs Meer, den lieben, langen Tag über.

Und das Paradies hat sich auf Gozo noch auf andere Weise offenbart, denn im Jahre 1883 erhielt die Insel Besuch von ganz oben. Es war der 22. Juni, als die Dorfbewohnerin Carmela Grima hörte, wie die Jungfrau Maria zu ihr sprach, leibhaftig und mitten in der kleinen Kapelle von Ta Pinu bei Ghammar. Auch andere wollen die Erscheinung

1 Die barocke Pfarrkirche Madonna Tal-Virtut ist die Attraktion des Örtchens Gharb im Nordwesten Gozos   2 Das Café an der Uferpromenade von Xlendi an der Südküste bietet jede Art von Erfrischung   3 Die versteckte, fjordartige Bucht im Ghasri Valley ist ein Badeparadies im Norden der Insel   4 Ziegen- und Schafherden sieht man auch auf Gozo nur noch selten

gesehen haben. Die Gozitaner bauten zur Huldigung eine große Kirche, die bald zur Basilika geweiht wurde.

Es ist dunkel und still in der Kirche, und vor der Marienfigur sitzen noch heute die Frauen, versunken in Gebeten und im Zwiegespräch mit dem Himmel. In einem Raum nebenan hängen Krücken, Prothesen, Gedichte, Danksagungen und Kinderkleider an der Wand – alles Zeugnisse erfüllter Wünsche und auf wundersame Weise geheilter Krankheiten. Und mittendrin, grün und weiß, hängt die Zeichnung einer Alitalia-Maschine.

Als Papst Johannes Paul II. sich während eines Fluges nach Afrika an Bord des italienischen Flugzeugs befand, hatten die Piloten auf einmal technische Probleme: Die Maschine drohte gar abzustürzen. Doch der Papst begann zu beten, es war im Luftraum über Gozo – und alle überlebten. Ein Wunder!

Bald darauf kam der Pontifex höchstpersönlich nach Gozo, direkt nach Ta Pinu, zu der heiligen Maria, die gut hundert Jahre zuvor in Gozo erschienen war. So die Legende. Und der feste Glaube der Gozitaner.

Allerdings sind die Einheimischen nicht immer so fromm und ergeben, so gleichmütig sie das allgegenwärtige Meer auch gemacht haben mag. Und so gibt es am Ende doch noch einen Anlass, bei dem alle Inselruhe im Nu dahin ist, bei dem es laut wird, bei dem der Alkohol in Strömen fließt, die Fäuste fliegen und Männer ins Kittchen wandern: Fußball.

In zwei Ligen zu jeweils sechs Mannschaften bolzen Gozos Dörfer gegeneinander, um Ehre und Ruhm, um Sieg oder Schande – und zwar ohne Erbarmen. Die Dorfteams trainieren abgeschirmt auf Schotterplätzen, jeweils in Kirchennähe, es gibt einen Super Cup, es wird ein Inselfußballer des Jahres gewählt, und es wird zudem nicht nur um einen *Freedom-Day-Cup*, sondern auch noch um einen „Unabhängigkeits-Cup" gekickt. Und wenn Teams wie der Kercem Ajax F. C. oder die Nadur Youngsters gegen die Xewkija Tigers im großen Rasenstadion von Rabat auflaufen, dann schließen sämtliche Restaurants und Cafés in der Umgebung, und dann kocht die Insel.

Auf den Rängen sitzen Polizisten, um Streithähne zu bändigen, die nicht eventuell, sondern mit Sicherheit auftauchen, vielen Fans wird regelmäßig Stadionverbot erteilt, und es soll sogar schon vorgekommen sein, dass ein unseliger Torwart vorübergehend von der Insel gejagt wurde. Ausnahmezustand, mitten im azurblauen Mittelmeer. Beim letzten Sieg, der gegen eine Auswahl der großen Schwester Malta gelang, dauerte es übrigens drei Tage, bis das kleine Gozo endlich aufhörte zu tanzen. Und endlich wieder Stille einkehrte. □

Marc Bielefeld, freier Autor aus Hamburg, schrieb auch über „Wracktauchen". Malta gefiel ihm, in Gozo verliebte er sich. Peter Hirth, Fotograf aus Leipzig, fotografierte auf Gozo auch den Karneval.

Cominos Blaue Lagune lädt mit kristallklarem Wasser zum Schwimmen und Schnorcheln ein

MERIAN | TIPP Comino – Winzling im Meer

Karg, felsig und nur mit Wildblumen überwachsen, guckt die kleinste bewohnte Insel des Malta-Archipels aus dem Wasser. Gerade mal dreieinhalb Quadratkilometer misst das Mini-Eiland, das im Ersten Weltkrieg als Quarantänelager genutzt wurde. Eine Kapelle gibt es hier, einen Wachtturm aus dem 17. Jh., eine Polizeistation, die selten besetzt ist, und von den ursprünglich 70 ständigen Bewohnern sind heute nur vier übrig geblieben. Das sind Tante Maria, 70, und ihre drei Neffen Veggie, Salvo und Angelo. Dazu besiedeln noch ein paar Ziegen, Schweine und drei Hunde diesen derben Brocken im Meer.

Der Name Comino stammt vom maltesischen „Kemmuna" und bedeutet Kreuzkümmel. Doch davon gedeiht heute nichts mehr, und auch von den Wildschweinen und Hasen, die die Insel dereinst bewohnten, ist nichts mehr zu sehen.

Dafür ist Comino ein Touristenmagnet. Von Mai bis August kommen tagsüber die Ausflugsboote, und zwar in Scharen. Sie ankern in der „Blue Lagoon", die genau das hält, was ihr Name verspricht: Wasser, so blau und klar, dass man schon beim Reingucken besoffen wird. Die kleine geschützte Bucht im Südwesten der Insel hat einen schneeweißen Sandgrund und ist eine der schönsten Badestellen des gesamten Mittelmeers. Wer Comino betritt, kann die Insel in einer guten Stunde erkunden, viele Steine und ein paar stachelige Büsche sehen und sich ein wenig fühlen wie der Graf von Monte Christo. Teile des

Films wurden tatsächlich im Jahr 2000 auf Comino gedreht. Wer dem Rummel an der Blauen Lagune entfliehen will, dem bietet Comino übrigens zwei herrliche Alternativen. Einige Kapitäne der kleinen Ausflugsboote fahren die Gäste nämlich in den Norden der Insel, wo man in riesige Grotten hineintuckern und bei stillem Meer sogar durch Höhlen und Tunnel schwimmen kann. Für Sportliche empfiehlt sich noch eine andere Möglichkeit. Man suche sich an der Nordküste eines der vielen Felsplateaus, ziehe die Badehose an und gehe langsam zur Abbruchkante vor. Blick nach unten. Und dann nehme man sich ein Herz und stürze sich aus gut 15 oder 20 Meter kopfüber in das unfassbar klare Wasser. Zum Klippenspringen dürfte man weltweit kaum einen besseren Ort finden.

Tagestrips: Von den Häfen Cirkewwa auf Malta und Mgarr auf Gozo fahren täglich Ausflugsboote nach Comino. Kosten: je nach Tour zwischen 10 und 30 Euro. Tagestrips auf größeren Booten, Katamaranen und alten Seglern sind über die Touristenbüros und Hotels zu buchen.

Comino Hotels & Bungalows
Auf Comino gibt es eine Hotelanlage mit 95 Zimmern und 46 Bungalows. Man badet am Sand- oder Felsstrand des Hotels oder treibt Wassersport, fährt kostenlos nach Malta und Gozo hinüber. Nur mit Halb- oder Vollpension buchbar und nur von April bis Oktober Tel. 21 52 98 21
www.cominohotels.com

MERIAN SHOP
BESTELLEN SIE JETZT!

Genießen Sie 50 große Romane und Klassiker des 20. Jahrhunderts – von Milan Kunderas genialem Roman „Die unerträgliche Leichtigkeit des Seins" über William Faulkners „Die Freistatt" bis Italo Calvinos „Wenn ein Reisender in einer Winternacht"! Bestellen Sie diese einzigartige Edition zum Sonderpreis von 196 Euro.

TOP-ANGEBOT!

Süddeutsche Zeitung | Bibliothek

im Gesamtpaket: 50 große Romane des 20. Jahrhunderts. Ausgewählt und zusammengestellt von der Feuilletonredaktion der renommierten Süddeutschen Zeitung. Exklusive Hardcover-Ausgaben im Schutzumschlag zu einem unschlagbaren Preis. Sichern Sie sich jetzt alle 50 Bände der begehrten und bereits an vielen Stellen ausverkauften SZ-Bibliothek im Gesamtpaket.

MERIAN live!
Korsika
Die bewegte Vergangenheit der mediterranen Insel bieten reizvolle Angebote für Urlauber. MERIAN live! Korsika zeigt die schönsten Sehenswürdigkeiten 128 Seiten, 60 Fotos Preis: 7,95 Euro.

MERIAN scout
Deutschland Fußball-Highlights 2006
Diese Update-CD für TravelPilot DX von MERIAN scout und Tele Atlas führt Sie zu Spielorten, Großleinwänden, Fanshops, Biergärten, Restaurants, Freizeit- und Erlebnisparks, Spaßbädern und vielem mehr. Preis: 149 Euro.

MERIAN guide
Die schönsten Familienhotels
Im neuen MERIAN guide Die schönsten Familienhotels finden Sie 150 ideale Ferienziele für Groß & Klein in Deutschland, Österreich, der Schweiz und Südtirol. 256 Seiten, 180 Fotos, Preis: 12,90 Euro

MERIAN | live! | classic | guide | kompass | scout

WEITERE ANGEBOTE DER MERIAN FAMILY
WWW.MERIAN.DE/SHOP

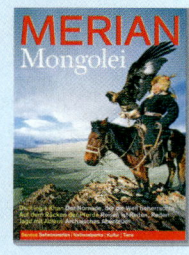

SAMARITER
AUF KAPERFAHRT

Die Große Belagerung durch die Türken 1565 verlieh den Rittern des Johanniterordens noch einmal den Ruf als Retter des christlichen Abendlands. Dabei ging's kaum um Macht und noch weniger um den Glauben: Beide Mächte waren Seeräuber und stritten sich um ihre Reviere

TEXT: ROLAND BENN

D as 16. Jahrhundert im Mittelmeer war nicht blutiger als die Zeit davor und danach: ein immerwährender Kriegszustand, sei es als Kampf von Imperien, sei es als Kaperkrieg der in jeder Bucht zwischen Algier und Aleppo lauernden Piraten. Aber die Belagerung Maltas war selbst für jene Zeit ungewöhnlich mörderisch. Als im Mai 1565 die türkische Flotte vor der Insel erschien, war dies der Auftakt zu einem dreimonatigen Austausch von Grausamkeiten.

Nachdem die Flotte Süleymans des Prächtigen Fort St. Elmo besetzt hatte, töteten die Osmanen jeden, den sie antrafen. Sie banden die Opfer auf Kreuze und ließen sie auf die andere Seite der Bucht treiben. Dort, in Birgu und St. Angelo, saßen die Johanniter, seit 35 Jahren mit der Befestigung Maltas beschäftigt. Sie revanchierten sich, indem sie ihre Gefangenen enthaupteten und mit den Schädeln die Osmanen beschossen. Es war ein verheerendes Gemetzel, von 30 000 Türken waren am Ende 24 000 gefallen. Die Verteidiger waren etwa 600 Ritter, verstärkt durch 8500 maltesische Soldaten und Zivilisten, wohl die komplette männliche Bevölkerung der Insel. Von ihnen waren nur noch 600 übrig, 400 Ritter und 200 Soldaten, als die Türken, zermürbt von inneren Machtkämpfen und geschwächt durch mangelnden Nachschub, abzogen.

Von nun an sollten die Ritter Malta zur sichersten Befestigung der Welt ausbauen und ein Leben in Frieden führen. Nur: Mit dem Frieden war es nicht so weit her, denn die Johanniter waren schwer bewaffnete Piraten, die weder Raub noch Mord scheuten. Die Ordensritter unterhielten eine von vielen Korsarenflotten im Mittelmeer, eine der gewalttätigsten und daher erfolgreichsten, und sie schlugen sich mit den Türken um Raubgründe, nur scheinbar um den rechten Glauben.

Uns Heutige mag das erstaunen, aber das Piratentum widerspricht nicht dem Bild der adeligen Ritter als von Nächstenliebe durchdrungener Chris-

Jean de la Valette, Großmeister. Er überlebte das größte Gemetzel der Ordensgeschichte

ten, die ihr Gotteswerk ständig vor moslemischen Bösewichten schützen mussten. Mord und Totschlag waren im 16. Jahrhundert selbstverständlich, ein Ordensmann, der moslemische Frauen vergewaltigt, erregte kein Aufsehen. Jenes edle Bild existierte unabhängig davon und half den Rittern, bei der adligen Verwandtschaft Geld einzutreiben.

In der Zeit, in der sich der Johanniterorden auf Malta einrichtete, begann er allerdings, seine Aufgaben aus den Augen zu verlieren. Es ging immer weniger um die Verteidigung des Christentums an vorderster Front, es ging auch kaum noch um die ursprüngliche Leidenschaft des Ordens, kranke Pilger zu pflegen. Zwar betrieben die Malteser noch erstklassige Hospitäler, aber für wen? Die Pilger blieben aus, Jerusalem war im türkischer Hand, und selbst wer dorthin wollte, musste sich gewaltig verfahren, um auf Malta zu landen. So servierten sie im Krankenhaus die Speisen auf Silbertellern für ihresgleichen und für all die jungen Adligen, die aus Spanien, Frankreich, Deutschland und Italien hierher kamen. Sie kamen, um ein bisschen zu beten, etwas ausgiebiger zu feiern, und am Ende durften sie noch eine Kaperfahrt mitmachen. Wenn sie überlebten, hatten sie Erzählstoff für Jahre.

Die mediterrane Seeräuberei hatte eine Jahrtausende währende Tradition. Es gab sie als staatlich geförderte, bei der ein Herrscher dem Korsaren Kaperbriefe ausstellte, damit er den Konkurrenten überfiel, es gab die Piraterie der Sarazenen oder der Malteserritter, die damit ihre Herrschaft finanzierten, und es gab die ganz gewöhnliche Räuberei – vom kleinen Einzelkämpfer, der auf seiner Schaluppe lebte und hier und dort Fischerboote aufbrachte, bis zum Großpiraten mit Burganlage, der eine ganze Flotte betrieb. Einer der letzten, Dragut mit Namen, hatte es sogar zum Vizekommandanten der Türken vor Malta gebracht.

Piraterie war derart alltäglich, dass sie ihre eigenen Umgangsformen hervorbrachte. Wer Ware von Marseille in die Levante bringen wollte, rechnete mit Überfall, und er fuhr besser, wenn er ihn geschehen ließ, sich beim Herrn Seeräuber nach dessen Hehler erkundigte und seine Ware in Algier oder Valletta zurückkaufte. Trotz dieser beinahe geregelten Verhältnisse war die Freibeuterei eine blutige Angelegenheit. Der Pfälzer Michael Heberer berichtet davon. Heberer fuhr 1585 auf einer von vier Malteser Galeeren nach Osten, um vor der ägyptischen Küste moslemische Levantefahrer zu jagen. Die Taktik war einfach: Zuerst wurde das gegnerische Schiff sturmreif geschossen und dann geentert. Als der Überfall durch das überraschende Auftauchen einer türkischen Flotte abrupt beendet wurde, gab Heberer eine knappe Beschreibung von den Zuständen auf dem eroberten Schiff: „Da war groß seuffzen und wehklagen von den Weibern / so noch ganz nackend in dem Schiff waren. […] Es war ein jämmerlicher anblick. Dann das Schiff und das Meer lag voller Todten Cörper / und entferbet sich von dem vergossenen blut."

Dies war Alltag für die Malteserritter, und das nicht erst seit ihrer Malteser Zeit. Der Johanniterorden, 1099 in Jerusalem gegründet, war eine Institution. Seine Hospitäler säumten den Weg ins Heilige Land, wer auszog, Jerusalem zu befreien, konnte bei den Ordensbrüdern Linderung der unvermeidlich anfallenden Blessuren erhalten. Aber

seit dem Aufruf Papst Urbans II., die „Ungläubigen" von den „heiligen Stätten" zu vertreiben, waren die Johannesritter auch ein „Kampforden zur Verteidigung des Christentums", wie etwa das *Trierer Bistumsblatt* ihn noch heute nennt. Nach dem Fall Jerusalems verschanzten sich die Ritter erst auf Zypern und ab 1309 auf Rhodos, bauten es aus, betrieben ihre Hospitäler und begannen, mit ihrer neuen Flotte das zu tun, was alle im Mittelmeer taten: Häfen und Schiffe auszurauben.

Nach der Eroberung Byzanz' durch die Türken 1453 kam für sie die Wende. Deren Imperium hatte sich für die Ritter erschreckend schnell zu einem wohlorganisierten und wehrhaften Staat gemausert, und der drängte auf Expansion. Da stand im Wege, dass die Johanniter schon zu dieser Zeit als quasi staatliches Gebilde auftraten, Festungen bauten, Steuern eintrieben und bis zum Hals unter Waffen standen, und sie überfielen weiterhin die neuerdings türkischen Hafenstädte der Levante. Wären sie nur barmherzige Samariter am Wege gewesen, sie hätten ihre Tätigkeit wahrscheinlich auch unter moslemischer Herrschaft ausüben können.

Aber sie waren eine Macht, und Rhodos war eine Festung. 1480 kamen die Türken mit 20 000 Mann, um die Insel zu erobern. Es gelang ihnen nicht. Erst als sie unter dem Oberbefehl Süleymans des Prächtigen 1522 erneut vor Rhodos auftauchten, schleuderten sie mit großen Steingeschossen die Ritterburg in kurzer Zeit zu Bruch. Die Ritter

WAS SONST NOCH GESCHAH

mussten gehen, aber es war immerhin ein ehrenwerter Abschied, Bedingungen wurden festgelegt, man gab sich die Hand, dann konnten die Johanniter mit 140 Schiffen und erheblicher Bewaffnung abziehen. Ein solch chevaleresker Abgang wurde seitdem im Mittelmeer nicht mehr gesehen.

Alle christlichen Mittelmeerstaaten hatten von der Niederlage und Vertreibung der Johanniter gehört, aber keiner wollte sie aufnehmen. Ordensritter waren out. Andere Umwälzungen als die im Mittelmeer beschäftigten die Herrscher Europas: Alle schauten auf die Wunderwelt Amerika, nur der Papst nicht, dessen Sorgen dem Norden galten, wo ihm die Reformation ganze Landstriche wegbrach.

Zwar hatte Karl V., neu installierter Herrscher zwischen Sonnenaufgang und -untergang, den Umherirrenden Malta angeboten, wovon er sich eine Festigung seines Reiches an der Seeflanke erhoffte. Aber den Rittern war die Insel zu dürftig, erst 1530 akzeptierten sie ihre neue Heimat. Was Karl da zum jährlichen Preis eines Jagdfalken vermietete, war mehr als ein Notquartier, es war der perfekte Naturhafen, eine Insel aus weichem Globerinenkalk: Die gesamte Insel bestand aus Baumaterial für Festungen, Paläste und Kirchen.

Allerdings war Malta bewohnt. Dort lebten seit langem etwa 12 000 Araber, sie waren aus dem einst arabischen Sizilien gekommen. Sie hatten die antike Stadt Melita zweigeteilt, in die Wohn- und Geschäftsstadt Rabat und die Festung Mdina, darin sich die führenden Familien Paläste bauten von einer Pracht, wie es die Ausbeutung einer kleinen Insel eben erlaubt. Mdina lag und liegt im Zentrum Maltas auf einer Anhöhe, die freie Sicht über den gesamten Archipel erlaubt. Das ist die Position einer Gesellschaft, die sich genügt und die ihren Besitz überschauen und wahren will, expansive Formationen verhalten sich anders.

Die Malteser blickten mit Argwohn auf die Schiffe, die sich aus Nordwesten näherten. Sie wussten sehr wohl, um welche Dimensionen es hier ging. Sie würden nicht ein paar fromme Mönche durchschleppen müssen, es ging nicht darum, Platz und Habe mit Bedürftigen zu teilen. Es ging um ihre Heimat. Diese katholischen Araber waren und sind beharrliche Menschen: Einige Familien bewohnen bis heute hoch geachtet ihre Paläste in Mdina. 1530 sahen sie die Ordensritter kommen. Sie wussten ja, dass sie jeden zu fürchten hatten, der übers Meer kam. Immer wieder hatten sie unter Piratenüberfällen gelitten, meist von Sarazenen. Diesmal kamen Christen. Christen wie sie selbst.

Die Johanniter führten sich als Herren auf. Konfiszierten Paläste in der Hauptstadt. Bestimmten Abgaben. Erklärten die maltesischen Gesetze für weiterhin gültig, allerdings nicht für Johanniter. Befestigten die Insel mit finanzieller Hilfe der Verwandtschaft und der Kraft ihrer Sklaven. Bauten das modernste Krankenhaus der damaligen Christenheit und dann gleich noch eins, sie bauten Birgu zur Festung aus und errichteten Kirchen. Kurz, sie taten, was sie gewohnt waren, und das hieß auch: Sie verdienten ihr Geld als Seeräuber.

Um 870 war Malta von Moslems umgeben: im Südosten in der Cyrenaica, im Norden auf Sizilien, im Süden an der Berberküste. Weit entfernt, 1500 Kilometer nach Osten, lag Byzanz, das die formale Macht über die Inseln hatte, sie aber ohne besonderes Interesse ausübte. Die moslemischen Herrscher störte das dennoch, sodass sie 870 die Insel einnahmen. Der arabische Geschichtsschreiber al-Himyari schildert, wie die neuen Herrscher die alten Kirchen abrissen, den wertvollen Marmor nach Susa (heute Sousse in Tunesien) schafften und Paläste daraus bauten. Danach, so schreibt er, war Malta „eine unbewohnte Ruine", die nur ab und an von Fischern besucht wurde wegen des Fischreichtums und von Delikatessenhändlern, die den Honig einsammelten, für den Malta heute noch berühmt ist. Dass Malta tatsächlich unbewohnt war, ist allerdings nicht erwiesen. Der Archipel lag jedoch, wie schon zu römischer Zeit, still im Meer, und keiner kümmerte sich darum.

Aber er war noch immer der östlichste Punkt des arabischen Einflusses im Mittelmeer. Das zeigte sich ab 1048, als die Araber auf Malta planmäßig Städte und Befestigungen anlegten. Schon kurz darauf tauchten byzantinische Segel am Horizont auf, die Insel und die Hauptstadt wurden belagert. Fast wäre die Einnahme gelungen, hätten sich die Araber nicht mit ihren Sklaven verbündet, denen sie Freiheit und Gleichstellung versprachen. Damit hatte Byzanz nicht gerechnet. Tatsächlich gelang es den vereinten Herren und Sklaven, die christlichen Angreifer zu vertreiben. Die Araber hielten ihr Versprechen. Die bisherigen Sklaven durften in die führenden Familien einheiraten und für eine gewisse Zeit scheint es eine Gesellschaft der Gleichen auf Malta gegeben zu haben.

Auch die Konfessionen existierten offenbar friedlich nebeneinander. Normannenkönig Roger I. de Hauteville eroberte 1090 mit Sizilien auch Malta, aber erst 1127 stationierte sein Sohn Roger II. eine christliche Garnison. Er ermöglichte das friedliche Koexistieren von Moslems, Katholiken und Griechisch-Orthodoxen. Dieser Zustand hielt, wie kann es anders sein, nur kurz. 1249 zwang der Staufer Friedrich II. alle Malteser, die moslemisch geblieben waren, ins Exil.

Die Umgebung des neuen Rittersitzes allerdings war zum Kaperkrieg zwar geeignet, aber schon Pfründe der algerischen Piraten. Die Johanniter waren in fremden Gewässern, jedoch kannten sie sich aus im Mittelmeer. Zum Rauben fuhren sie nach Osten, sozusagen an ihre Heimatküsten. Rauben in der Levante und hehlen in Livorno, davon ließ sich's leben. Als 1565 die Türken vor Malta auftauchten, hatten sie durchaus nicht vor, ihr Blut für ein paar unfruchtbare Quadratmeter Kalk zu opfern, sie hatten auch nichts Missionarisches im Sinn. Sie wollten nur ihre Konkurrenten im Pirateriegeschäft loswerden.

Die große Belagerung von 1565 blieb das einzige Kriegsereignis auf Malta bis zum Zweiten Weltkrieg. Die Ritter bauten die Insel zu der Festung aus, die wir heute bestaunen, die arabische Bevölkerung lebte ihr Leben, einige wenige standen bei den Ordensrittern im Brot, und sie hatten einen erheblichen Vorteil: Kein Pirat traute sich mehr nach Malta, nur das weniger befestigte Gozo musste wiederholt unter ihnen leiden.

Die Schlacht hatte die Ordensritter noch einmal ins Bewusstsein Europas geholt, wenn sie auch nicht mehr so gefeiert und mit Geld und Waffen überschüttet wurden wie nach ihrem rhodischen Sieg 1480. Mittlerweile hatten auch die Türken ihre Westorientierung zurückgestellt und sich in Auseinandersetzungen mit den Persern verzettelt. Als die größte Seemacht des Mittelmeers, Venedig, dann 1573 offiziell Frieden mit dem Osmanischen Reich schloss, war der Krieg der Großmächte um das Mittelmeer zu Ende.

Das aber bedeutete alles andere als Frieden. Jetzt erst war die große Zeit der Freibeuterei gekommen. Sie wird „größer denn je und beherrscht fortan die nicht mehr ganz so großartige Geschichte des Mittelmeeres", wie es der Historiker Fernand Braudel sagt. Der Kleinkrieg der Raubschiffe dominierte das militärische Geschehen im mediterranen Raum. „Die neuen Hauptstädte des Krieges waren nicht mehr Konstantinopel, sondern Algier, nicht mehr Madrid oder Messina, sondern Malta …"

Für den Orden wurde die Freibeuterei schnell ein großes Geschäft, und das sprach sich herum. Als Cosimo I., Großherzog der Toskana, 1561 den Orden der Stefansritter gründete, tat er es aus dem alleinigen Grund, am Kapergeschäft teilzuhaben.

Doch es ging nicht nur um Seeraub, ganze Städte lebten vom Handel mit geraubten Gütern, und ohne die Kaufleute in Livorno, Genua und Marseille wäre die Beute der Korsaren in Tripolis oder Algier liegen geblieben. Die Korsaren waren allgegenwärtig, und ein dichtes Netz von Hehlern überzog die Küsten. Was das hieß, beschreibt Fernand Braudel so: „… im ganzen Mittelmeerraum ist der Mensch auf der Jagd, macht Gefangene, verkauft Sklaven, foltert, erleidet alles Elend, Entsetzen und Martyrium …"

Und die Malteser saßen mitten drin. In nur 50 Jahren war aus dem Bollwerk der christlichen Krankenpfleger eine Gemeinschaft von unerhört reichen Adligen geworden, die nichts mehr zu tun hatte, als ihren Reichtum zu mehren. Sie

waren im 16. Jahrhundert für eine gewisse Zeit die führende Piratenmacht des Mittelmeeres.

Allerdings haben sie auf diese Weise nie die lang andauernde Macht der Piratenhochburg Algier erreicht, was schlicht daran liegt, dass sie es auf Dauer nicht nötig hatten. Schon Ende des 16. Jahrhunderts hatten die Ritter die finanziellen Schwierigkeiten überwunden, die aus Kampf und Wiederaufbau entstanden waren. Und anders als die arabischen Korsaren, die noch vor einer Generation Kleinbauern waren, hatte jeder Ordensritter irgendwo zwischen Lusitanien und Litauen einen mehr oder minder ergiebigen Adelsverwandten oder doch einen Onkel, der bei Hofe ein- und ausging. So konnten sie schon bald von ihren Zinsen und unter geringerer Verletzungsgefahr leben als von Überfällen. Auf Kaperfahrt gingen sie nur noch, um der zu Besuch gekommenen Verwandtschaft zu imponieren. Nicht mehr, um den Reichtum zu mehren, sondern aus Vergnügen.

In jener Zeit brachten sie Kunst und Wissenschaft auf die Insel, verfeinerten die Müllabfuhr und bauten noch hier und da einen überflüssigen Wehrturm. Malta war auch im 17. und 18. Jahrhundert durchaus ein Vorposten des höfischen Europa in afrikanischen Breiten.

Eine kleiner Vorposten. Die Gemeinschaft der Ordensritter zählte nie mehr als 800 Personen, ihre Sklaven waren in hoher Überzahl, und die maltesischen Araber waren für sie höchstens Domestiken, die ein paar mal den Aufstand probierten. Mit ihnen gaben sie sich nie ab, erst der Großmeister Ferdinand von Hompesch wich ein bisschen vom Gewohnten ab, lernte Malti, besuchte die Feste der Einheimischen. Aber zu keinem Zeitpunkt gab es so etwas wie eine Gleichberechtigung zwischen Maltesern und Rittern. Hompesch war es aber auch, der die Insel 1798 den Franzosen übergab, als Napoleon auf dem Weg nach Ägypten um Frischwasser nachgefragt hatte, unfreundlich behandelt wurde, die Festung Valletta umschiffte und Malta durch die Hintertür eroberte.

Die Ritter wehrten sich nicht. Weil viele von ihnen selbst Franzosen waren, sagt die Legende.

Oder weil keiner von ihnen mehr zu sagen wusste, warum sie eigentlich eine kleine, karge Insel im Mittelmeer besetzt hielten. □

DER MALTESERORDEN HEUTE

Als der Malteserorden 1798 die Inseln verlassen musste, war dies keineswegs sein Ende. Er nahm Sitz in Rom und existiert noch immer, als ein merkwürdiges rechtliches Gebilde. Der „Souveräne Ritter- und Hospitalorden vom hl. Johannes zu Jerusalem, genannt von Rhodos, genannt von Malta" ist kein Staat, son-dern ein „souveränes Völkerrechtssubjekt", also etwas Staatsähnliches. Der Orden residiert in Rom in der Via dei Condotti 68, die exterritoriales Gebiet ist wie etwa eine Botschaft. Er unterhält diplomatische Beziehungen zu rund 90 Staaten (auch zur Republik Malta) und Vertretungen in weiteren Staaten, darun-ter Deutschland. Die UN gewähren Beobachterstatus. Der Orden prägt Münzen (1 Scudo = 12 Tari = 240 Grani), die man freilich nirgends ausgeben kann, und druckt eigene Briefmarken (Postverträge mit 52 Staaten). Zum Orden gehören weltweit rund 10 000 Mitglieder, nicht Männer und Frauen, sondern „Ritter" und „Damen". Die oberste Leitung hat der auf Lebenszeit gewählte Großmeister, zurzeit „Fürst und Großmeister" Frà Andrew Bertie. – Seit 1538 gibt es neben dem katholischen Orden auch die evangelischen Johanniter. Beide sind in aller Welt als Unfallhilfe- und Pflegedienst bekannt.

MERIAN LIVE!
DIE BESTE REISEFÜHRER-REIHE.

QUALITÄT SETZT SICH DURCH: Bei den ITB BuchAwards hat MERIAN *live!* zum dritten Mal in Folge den 1. Platz unter den Kompakt-Reiseführern belegt. Aktuellste Informationen, kompetenteste Autoren, präzisestes Kartenmaterial und das kompakte Format haben wie schon in den Vorjahren die Experten-Jury überzeugt. Setzen auch Sie auf die Sieger! Mehr Informationen unter WWW.MERIAN.DE

MERIAN
live!
Die Lust am Reisen

Bildnachweis

Anordnung im Layout:
o=oben, u=unten,
r=rechts, l=links, m=Mitte.

Titel: IFA-Bilderteam;
S. 4/5 Tobias Gerber; S. 6 o, m Gerber;
S. 8 o Rufus/f1 online, ml Corbis,
ul Peter Hirth, ur Corbis;
S. 10-15 Gerber;
S. 16/17 Hirth; S. 18/19 Gerber;
S. 20-27 Hirth; S. 29-44 Gerber;
S. 46/47 Mauritius; S. 48/49 Gerber;
S. 50-57 Hirth;
S. 58/59 Giulio Andreini;
S. 60 R. Hackenberg/AKG;
S. 61 o Jonathan Beacom/Proud
Publishing, Malta;
S. 61 u, 62 Mario Mintoff/National
Museum of Archaeology, Valletta;
S. 63 Adam Woolfitt/Corbis;
S. 64 Andreini; S. 65 Daniel Cilia;
S. 66 Reuters/Corbis;
S. 68 Araldo de Luca/Corbis;
S. 71, 74 Hardy Müller; s. 72 Gerber;
S. 76, 77, 78 l Naturbildarchiv
Harald Mielke;
S. 78 r, S. 80 Jens Rötzsch;
S. 85 l Andreas Herzau/laif, r Gerber;
S. 86-91 Hirth; S. 91 ur Gerber;
S. 92-95 Hirth; S. 96 H. Herves/
Hemispheres; S. 100/101 AKG;
S. 107 Jonathan Beacom/Proud
Publishing, Malta; S. 108-111 Gerber;
S. 112 K.-H. Raach/laif;
S. 112/113 G. Sioen/Anzenberger;
S. 114 M.J. Publications Ltd., Valletta;
S. 115 Raach/laif; S. 116/117 Hirth;
S. 120 m Hub/laif; S. 122 Ernst Wrba;
S. 126 o picture-alliance/
DPA, u Corbis;
S. 127/128 Gerber; S. 129 o, u AKG;
S. 130 o J. Modrow/laif,
ul Jens Rötzsch, ur M. Specht/Focus.

**Unser Titelbild zeigt den
Fischerhafen von Marsaxlokk mit der
Kirche Our Lady of Pompei**

MERIAN

Heft 7/2006, Juli, Erstverkaufstag dieser Ausgabe ist der 29.06.2006
MERIAN erscheint monatlich im Jahreszeiten Verlag GmbH, Poßmoorweg 5, 22301 Hamburg
Tel. 040/27 17-26 00, Fax 040/27 17-26 28 **Anschrift der Redaktion:** Poßmoorweg 2, 22301 Hamburg
Postfach 130444, 20139 Hamburg, E-Mail: Redaktion@Merian.de, Tel. 040/27 17-0
Website: www.merian.de **Leserservice:** Postfach 601220, 22212 Hamburg
Tel. 040/87 97 35 40, Fax 040/27 17-20 79 **Syndication:** www.jalag-syndication.de
GourmetPictureGuide: Stefanie Lüken, Tel. 040/271 720 02, Fax 040/27 17 20 89, www.gourmetpictureguide.de

Herausgeber: Manfred Bissinger
Chefredakteur: Andreas Hallaschka
Art Directorin: Sabine Lehmann **Chefs vom Dienst:** Tibor M. Ridegh, Klaus Kube (freie Mitarbeit)
Redakteure: Roland Benn (freie Mitarbeit), Anja Haegele (freie Mitarbeit),
Thorsten Kolle (freie Mitarbeit), Kathrin Sander, Charlotte von Saurma
Schlussredaktion: Tibor M. Ridegh, Jasmin Wolf
Layout: Cornelia Böhling, Ingrid Koltermann, Dorothee Schweizer (stellv. Art Directorin)
Bildredaktion: Hanni Rapp, Eva M. Ohms, Lars Lindemann
Redakteur dieses Heftes: Thorsten Kolle **Bildredakteurin dieses Heftes:** Hanni Rapp
Kartographie: Peter Münch **Dokumentation:** Jasmin Wolf,
Sebastian Schulin (freie Mitarbeit), Andrea Wolf (freie Mitarbeit)
Mitarbeit: Helmut Golinger **Herstellung:** Karin Harder
Redaktionsassistenz: Sabine Birnbach, Katrin Eggers
Geschäftsführung Premium Magazine: Peter Rensmann **Verlagsleitung Premium Magazine:** Oliver Voß
Group Head Anzeigen Premium Magazine: Roberto Sprengel **Anzeigenleitung:** Christel Janßen
Anzeigenstruktur: Patricia Hoffnauer **Marketing:** Kenny Machaczek, Ulrich Rieger, Sonja Wünkhaus
Vertriebsleitung: Jörg-Michael Westerkamp (Zeitschriftenhandel), Uwe Distelrath (Buchhandel)
Verantwortlich für den redaktionellen Inhalt: Andreas Hallaschka
Verantwortlich für Anzeigen: Roberto Sprengel
Verlagsbüros Inland:
Hamburg: Tel. 040/27 17-25 95, Fax -25 20, E-Mail: vb-hamburg@jalag.de
Berlin: Tel. 030/80 96 23-60, Fax -70, E-Mail: vb-berlin@jalag.de
Hannover: Tel. 0511/85 61 42-0, Fax -19, E-Mail: vb-hannover@jalag.de
Düsseldorf: Tel. 0211/901 90-0, Fax -19, E-Mail: vb-duesseldorf@jalag.de
Frankfurt: Tel. 069/97 06 11-0, Fax -44, E-Mail: vb-frankfurt@jalag.de
Stuttgart: Tel. 0711/966 66-520, Fax -22, E-Mail: vb-stuttgart@jalag.de
München: Tel. 089/99 73 89-30, Fax -44, E-Mail: vb-muenchen@jalag.de

Repräsentanzen Ausland:
Basel: Intermag AG, Tel. +4161/275 46-09, Fax -10, E-Mail: info@intermag.ch
London: The Powers Turner Group, Tel. +44 20/7630 99 66 Fax 76 30 99 22, E-Mail: cweiss@publicitas.com
Mailand: Media & Service International Srl, Tel. +39 02/48 00 61 93, Fax 48 19 32 74, E-Mail: info@it-mediaservice.com
Paris: International Magazine Company, Tel. +331/53 64 88 91, Fax 45 00 25 81, E-Mail: imc@international.fr
Madrid: Alcála Media International Media Representation, Tel. +34 91/326 91 06, Fax -07, E-Mail: alcalamedia@retemail
Wien: Publimedia Internationale Verlagsvertretungen GmbH, Tel. +43 1/21530, Fax 2121602,
E-Mail: ppn-vienna@publicitas.com
New York: The Russell Group Ltd., Tel. +12 12/213 11-55, Fax -60, E-Mail: info@russellgroupltd.com

Die Premium Magazin Gruppe im Jahreszeiten Verlag

Gültige Anzeigenpreisliste: Nr. 38
Das vorliegende Heft Juli 2006 ist die 7. Nummer des 59. Jahrgangs. Diese Zeitschrift und die einzelnen Beiträge
und Abbildungen sind urheberrechtlich geschützt. Jede Verwertung außerhalb der engen Grenzen des Urheberrechtsgesetz
bedarf der Zustimmung des Verlages. Keine Haftung für unverlangt eingesandte Manuskripte und Fotos. Preis im
Abonnement im Inland monatlich 6,37 € inklusive Zustellung frei Haus. Der Bezugspreis enthält 7% Mehrwertsteuer.
Auslandspreise auf Nachfrage. Postgirokonto Hamburg 132 58 42 01 (BLZ 200 100 20)
Commerzbank AG, Hamburg, Konto-Nr. 611657800 (BLZ 200 400 00)
Führen in Lesemappen nur mit Genehmigung des Verlages. Printed in Germany

Weitere Titel im Jahreszeiten Verlag: Für Sie, petra, vital, PRINZ, A&W Architektur & Wohnen,
COUNTRY, DER FEINSCHMECKER, WEINGourmet, schöner reisen, ZUHAUSE WOHNEN, selber machen
Litho: Alphabeta Druckformdienst GmbH, Hamburg. Druck und Verarbeitung: heckel GmbH, Nürnberg,
ISBN: 3-8342-0606-7, ISSN 0026-0029 MERIAN (USPS No. 011-458) is published monthly. The subscription price
the USA is $ 110 per annum. K.O.P: German Language Publications, Inc., 153 South Dean Street, Englewood NJ 0763
Periodicals postage is paid at Englewood NJ 07631, and at additional mailing offices. Postmaster: send address
changes to: MERIAN, German Language Publications, Inc. 153 South Dean Street, Englewood NJ 07631.

Ein Unternehmen der
GANSKE VERLAGSGRUPPE

MERIAN

INFO-STAND **Mai 2006** | TEXTE **Klaus Bötig**

Top Tipps

Das sollten Sie auf keinen Fall versäumen!

1. Mdina
Klöster, Kirchen und Paläste säumen die Gassen; im Café auf der Stadtmauer liegt dem Besucher Malta zu Füßen

2. Hypogäum
Schauerlich schön und steinalt: Der unterirdische Totentempel ist weltweit einzigartig. Steinzeitbauern haben ihn vor 5000 Jahren geschaffen

3. Großmeisterpalast
Barocke Pracht reicher Ritter inmitten der Festung Valletta. Fresken, Gemälde und Gobelins im Überfluss

4. Marsaxlokk
Das bunteste, fotogenste und lebhafteste Städtchen des Archipels. Wundervoll: ein Abendessen am Hafen

5. Gozo
Von der mittelalterlichen Zitadelle hoch über Rabat schaut man auf die grüne Insel. Und genießt die Stille und die reine Luft

Eher eine Seltenheit im Inselstaat Malta: Sandstrand im Norden Gozos

MERIAN | GROSSMEISTERPALAST

Außen streng ...

... und innen verspielt ist der ritterliche Herrschersitz. Ein Juwel der Selbstdarstellung

Der 1571-1580 erbaute Palast war die Machtzentrale des Ordensstaates. Hier residierte der Großmeister, seit 1809 war der Palast Amtssitz des britischen Gouverneurs, heute beherbergt er das maltesische Parlament und dient dem maltesischen Präsidenten als städtischer Amtssitz. Von außen wirkt der gewaltige Bau ernst und streng, in den beiden Innenhöfen aber entfaltet er liebliche Pracht. Die Haupttreppe, die vom Neptunshof in die Staatsgemächer führt, ist offiziellen Staatsgästen vorbehalten. Ihre Stufen sind besonders flach gehalten, damit die Ritter in ihren bis zu 70 Kilo schweren Rüstungen sie bewältigen konnten. Gewöhnliche Palastbesucher gelangen über eine Nebentreppe in den 51 Meter langen Korridor der Belle Étage. Er ist seit 1724 mit Deckengemälden des Malers Niccolò Nasoni aus Siena geschmückt.

Adliger Herrschaft und königlicher Besuche würdig: Innenhof des Palastes

Der Fresken-Fries von 1580 im Saal des Großen Rates erzählt in zwölf Feldern Begebenheiten aus der Zeit der Großen Belagerung 1565. In diesem Saal steht der Thron des Großmeisters, der heute dem maltesischen Staatspräsidenten vorbehalten ist. Der Fresken-Fries im Botschafter-Raum zeigt in acht Feldern Ereignisse aus der Ordensgeschichte von 1291 bis 1565. Der Gobelin-Saal enthält die weltweit einzige vollständig erhaltene Sammlung von Gobelins aus der königlichen Hofweberei des Sonnenkönigs Ludwig XIV. Thema sind Menschen, Pflanzen und Tiere der Tropen. Als Vorlage dienten 1636-1644 entstandene Gemälde der Maler Frans Post und Albert Eckhout, die eine Zeit lang in Brasilien gelebt hatten.

(c/d 4) Republic Street/Palace Square, *Palast Fr-Mi 10-16 Uhr, Waffenkammer (Palace Armoury) tgl. 9-17 Uhr, Eintritt je 2 Lm*

Unter den Grabplatten von St. John's: Großmeister und andere Edle

VALLETTA

Museen

(c/d 6) Lascaris War Rooms
Begleitet von deutschsprachigen Kommentaren vom Walkman durchschreitet man die im Inneren einer Felsbastion des Ritterordens gelegenen britischen Befehlsstände aus dem Zweiten Weltkrieg.
Zugang von der St. Ursula Street über die Battery Steps neben den Upper Barracca Gardens
Mo-Fr 9.30-16.30 Uhr, Eintritt 1,75 Lm

(b/c 4/5) National Museum of Archeology
Das Museum in der ehemaligen Auberge de Provence, 1571-1575 errichtet und 1638 innen umgestaltet, präsentiert effektvoll die archäologischen Schätze Maltas. Erster Blickfang ist das Fragment einer einst etwa 3 m hohen Statue, die bis in Hüfthöhe erhalten ist. Winzig klein ist dagegen die so genannte Sleeping Lady, heute fast eine maltesische Nationalheilige. Siehe auch S. 64
Republic Street, *tgl. 9-17 Uhr. Englisch geführte Touren Di und Do 10 und 14 Uhr, So 10 und 11.30 Uhr*

(b 4) National Museum of Fine Arts
Modelle des Ordenshospitals, der Kriegsschiffe, der Forts St. Elmo, Floriana und St. Angelo. Baumeister Don Carlos de Grunenberg ließ sie im späten 17. Jh. anfertigen, um dem Großmeister Gregorio Carafa seine Ideen vom Festungsbau anschaulich vorzustellen. Des Weiteren Werke des maltesischen Bildhauers Antonio Sciortino (1879-1947) und des Italieners Mattia Preti (1613-1699), der auch die

Die Planquadrate mit großen Lettern beziehen sich auf die MERIAN-Straßenkarte, mit den kleinen auf den Stadtplan Valletta auf Seite 123

Decke der St. John's Co-Cathedral ausgemalt hat.
South Street *tgl. 9-17 Uhr, Eintritt 1 Lm*

(e 2) National War Museum

Interessanter als Orden, Banner und Uniformen sind die Fotos, die das Leiden der Malteser während des Zweiten Weltkriegs verdeutlichen, als 16 000 Tonnen Bomben auf die Insel niedergingen. Dokumente belegen die radikale Lebensmittelrationierung, die notwendig wurde, weil die Deutschen und Italiener jeden Geleitzug angriffen, der Nachschub nach Malta bringen wollte.
St. Elmo Place, *tgl. 9-17 Uhr, Eintritt 1 Lm*

Kirchen

(d 4) Our Lady of Damascus

Die Marienikone in der griechisch-orthodoxen Kirche brachten die Johanniter 1530 von Rhodos mit. Sie glaubten, die Ikone sei vom Evangelisten Lukas selbst gemalt worden. Kunsthistoriker datieren sie ins 11./12. Jh.
Archbishop Street

(c 3) Our Lady of Mount Carmel

Die nach dem Krieg in 20-jähriger Bauzeit im alten Stil neu errichtete, ursprünglich um 1570 erbaute Karmeliterkirche beherrscht aus Richtung Marsamxett Harbour und Sliema mit ihrer 42 m hohen Kuppel die Silhouette Vallettas.
Old Theatre St./Old Mint St.

(c 4) St. John's Co-Cathedral

1571 bis 1574 nach Plänen Gerolamo Cassars erbaut. 1816 wurde die Hauptkirche des Ordens in den Rang einer Kathedrale erhoben, den Status einer Bischofskirche hatte aber schon die Kathedrale von Mdina. Auf Malta gibt es aber nur einen Bischof, daher die eigenartige Bezeichnung „Co-Cathedral".
Ihr Boden ist nahezu vollständig mit 375 Grabplatten aus farbigem Stein mit Marmorintarsien

geschmückt, meist sind Totenschädel und Skelette dargestellt, ergänzt durch Titel und Taten des Beigesetzten.
Die Kirche ist 58 m lang und 39 m breit. Statt Seitenschiffen flankieren je sechs Seitenkapellen das Hauptschiff: je vier rechts und links des Langhauses, je zwei zu beiden Seiten des Chors. Die Gewölbemalereien mit 18 Szenen aus dem Leben Johannes des Täufers schuf der italienische Maler Mattia Preti in den Jahren 1662 bis 1667 auf eigene Kosten. Zum Dank dafür nahm ihn der Orden als Ritter auf, obwohl er nicht adlig war, und ließ ihn später sogar in der Kathedrale beisetzen: nahe dem ersten Stützpfeiler gleich links vom Eingang. Bedeutendstes Einzelwerk der Kirche: die „Enthauptung Johannes' des Täufers" im Oratorium. Michelangelo da Caravaggio malte es 1608. Siehe auch S. 129.
Eingang am St. John's Square
Mo-Sa 9.30-12.30, Mo-Fr auch 13.30-16.30 Uhr, Eintritt 1 Lm

(c 2/3) St. Paul's Anglican Cathedral

Der neoklassizistische Bau mit einer Kolonnade aus sechs ionischen Säulen und mit einem 61 m hohen Glockenturm steht seit 1844 an der Stelle der Auberge d'Allemagne, der Herberge der deutschen Ordensritter. Die Briten rissen sie ab, um Platz zu schaffen.
Archbishop Street/ Ecke Independence Square

(d 4/5) St. Paul's Shipwreck Church

Die Kirche ist dem gestrandeten Paulus gewidmet, der auf Malta ein paar Monate verbrachte und die Insel in der Apostelgeschichte lobend erwähnt. Sie birgt Knochen vom Arm des Apostels und einen Teil der Säule, an der Paulus angeblich in Rom enthauptet wurde. Das Altargemälde von Matteo Perez d'Aleccio zeigt den Schiffbruch, die Deckenfresken von Attilo Palimbi illustrieren Stationen des langen

paulinischen Lebensweges. Aber nicht nur deswegen ist die im 16. Jh. nach Plänen von Gerolamo Cassar erbaute und 1629 nach den Plänen von Lorenzo Gafa veränderte Kirche interessant, sondern auch wegen ihrer Lage. Sie verbirgt sich, wie einige andere Gebäude in Valletta, hinter einem bescheidenen Eingang, nimmt dann aber den Raum eines halben Straßenblocks ein. Man kann die Shipwreck Church von verschiedenen Straßen aus betreten, sie ist fast die einzige Möglichkeit, sich im planvollen Valletta zu verlaufen.
Haupteingang St. Paul Street

Paläste

(c 5/6) Auberge de Castille, Léon et Portugal

Der 1744 erbaute Palast der Ritter von Kastilien, Leon und Portugal dient heute als Amtssitz des Ministerpräsidenten und kann nur von außen betrachtet werden.
Castille Square

(d 3) Casa Rocca Piccola

Der äußerlich unscheinbare Stadtpalast im unteren Teil der Republic Street wird von der 1716 geadelten Familie des Marquis de Piro bewohnt. Das 400 Jahre alte Haus ist mit

zahlreichen Gemälden und antiken Möbeln eingerichtet und birgt eine kleine Privatkapelle.
Besichtigung Mo-Sa 10-13 Uhr, nur im Rahmen englischsprachiger Führungen (Beginn zu jeder vollen Stunde).

(c/d 4) Großmeisterpalast

Siehe Kasten S. 108

Festungen

(e/f 1/2) Fort St. Elmo

An der Stelle eines phönizischen und später römischen Forts erbauten die Johanniter schon 1552 ein Fort, das die Einfahrt in den Grand Harbour schützen sollte. Bei der Großen Belagerung von 1565 war es vorentscheidend für den Ausgang der Kämpfe. Die Türken warfen sich zuerst auf St. Elmo und beschossen es vom 25. Mai bis zum 23. Juni unaufhörlich. Als sie es endlich eroberten, hatten sie viel Zeit und 8000 Mann verloren, die Verteidiger aber „nur" 1500. Das Fort dient heute der maltesischen Polizei und Freiwilligenarmee als Kaserne.
St. Elmo Place, *Sa 13-17, So 9-17 Uhr, Eintritt frei*

(b 5/6) St. James Cavalier

Der Cavalier war eine von zwei besonders hohen Bastionen

Bei aller militärischen Dominanz: Ein bisschen Grün muss sein

(I 5) Bescheidenes Birgu

Geht man in Vittoriosa (früher Birgu) vom Freedom Monument an der Kirche San Lawrenz vorbei zum Hauptplatz der Stadt, passiert man das Oratorium des hl. Kreuzes. Es präsentiert Relikte aus der Ritterzeit wie eine Sammlung von Spielkarten aus dem Jahr 1609 und einen Hut und ein Kampfschwert des Großmeisters Jean Parisot de la Valette. Biegt man am Hauptplatz, dem Misrah ir-Rebha, neben dem Cafe du Brazil an seinem Rand in die Gasse Triq Hilda Tabone ein, betritt man den schönsten Teil des Städtchens. Schon nach wenigen Schritten steht rechts die ehemalige Auberge d'Angleterre, die heute als Stadtbibliothek genutzt wird. Dann folgen an der Triq Hilda Tabone links die Auberge d'Auvergne et de Provence und die Auberge de France, heute das Nationalmuseum der maltesischen Sprache. Besonders beeindruckend ist, wie klein und schlicht diese Herbergen der Ordensritter aus der Zeit kurz vor der Großen Belagerung waren — im Vergleich zu denen, die sie danach in Valletta bauen ließen.

Von Touristen kaum besucht: Birgu und Senglea jenseits des Grand Harbour

des Befestigungsringes. Heute beherbergt er eines der stimmungsvollsten Kulturzentren des Mittelmeerraums. Eine breite Rampe, auf der Kanonen aufs Dach gezogen werden konnten, bildete seine zentrale Innenachse, in einigen Seitenkammern lagerten Materialien und Munition. Die Briten bauten die Rampe zur Treppe um, schufen mehr Innenräume, nutzten den Cavalier zunächst als Offiziersmesse und zuletzt als Lebensmittellager. Vor allem aber legten sie im Cavalier Wassertanks an. In einem dieser Tanks entstand ein Theater, aus einem anderen wurde ein eindrucksvolles Atrium. Motto der maltesischen Architekten und Restauratoren Richard England und Michael Ellul: „Alles, was 16. Jahrhundert ist, soll auch nach 16. Jahrhundert aussehen, alles, was modern ist, soll auch modern aussehen."
Pope Pius V. Street
www.sjcav.org

Weitere Ziele

(c 3) Manoel Theatre

Eins der schönsten Europas, dessen Programm Oper, Schauspiel, Konzert und Musical umfasst. Siehe auch Seite 44.
Old Theatre Street
www.manoeltheatre.com
Führungen auch auf Deutsch tgl. 10.30 und 11.30 Uhr, Sa auch 13.15 Uhr, 1,70 Lm

(c/d 4) National Library

Als die Bibliothek im Auftrag des Ritterordens nach 1796 entstanden war, besaß sie 80 000 Bücher. Nach der Plünderung durch die Truppen Napoleons waren noch 30 000 übrig. Ein kleiner Teil der historischen Schätze wird heute im Lesesaal gezeigt. Darunter ist auch die päpstliche Bulle von 1113, durch der Orden offiziell gegründet wurde. In der gleichen Vitrine die Urkunde vom 23. Mai 1530, mit der Kaiser Karl V. Malta dem Orden zu Lehen gab.
Mo-Fr 8.15-17.45 Uhr, Sa 8.15-13.15 Uhr, Eintritt frei

(c 6) Upper Barracca Gardens

Die schon 1775 für die italienischen Ritter geschaffenen Gärten auf der St.-Peter-and-Paul-Bastion bieten einen prächtigen Ausblick auf den Grand Harbour und die Three Cities.
Castille Square

(e 5/6) Lower Barracca Gardens

Die kleine Gartenanlage auf einer Bastion der Stadtmauer war ursprünglich ein Exerzierplatz der Ritter. Das Mausoleum von Sir Alexander Ball, dem ersten britischen Hochkommissar, hat die Form eines griechischen Tempelchens mit 14 dorischen Säulen.
Irish Street

(d 5) Valletta Waterfront

Seit 2006 hat Valletta eine neue Attraktion. Gut 20 alte Lagerhäuser entlang des Grand Harbours wurden aufwändig restauriert und bilden jetzt an einer neu gestalteten Uferpromenade eine attraktive Anhäufung von Lounge Bars, Cafés und Restaurants mit Plätzen drinnen und draußen. Siehe auch ab Seite 30.
Bus 98 und 198

THE THREE CITIES

In den Grand Harbour ragen von Osten her zwei lange, schmale und felsige Halbinseln hinein. Die eine, über 800 m lang und 300 m breit, trägt die Stadt Isla/Senglea, die andere fast gleich große die Stadt Birgu/Vittoriosa. Beiden vorgelagert ist die Stadt Bormla/Cospicua. Alle drei zusammen bilden das historische Ensemble der „Three Cities". Für den Reisenden ist vor allem Birgu/Vittoriosa von Interesse, da hier die meisten historischen Bauten zu finden sind. Birgu war der erste Ordenssitz auf Malta und das Hauptziel der osmanischen Belagerung. (I 5)

Dockyard Creek

An der Burg, die Vittoriosa von Isla trennt, steht in Birgu direkt

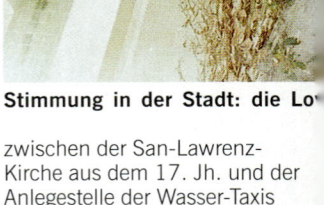

Stimmung in der Stadt: die Lo

zwischen der San-Lawrenz-Kirche aus dem 17. Jh. und der Anlegestelle der Wasser-Taxis das Freedom Monument, ein anschauliches Denkmal, das an den Abzug der letzten britischen Soldaten von Malta 1979 erinnert. Geht man von hier an der modernen Grand Harbour Marina mit Liegeplätzen auch für große Yachten entlang in Richtung Landspitze, passiert man das National Maritime Museum mit traditionellen maltesischen Booten und zahlreichen Schiffsmodellen.
Nationales Schifffahrtsmuseum
tgl. 9-17 Uhr, Eintritt 2 Lm

Fort St. Angelo

Am Dockyard Creek liegt auch der Haupteingang zum Fort St. Angelo. Nach langjährigen Restaurierungs- und Umgestaltungsarbeiten soll es noch im Lauf des Jahres 2006 wieder zur Besichtigung freigegeben werden. Es war während der Großen Belagerung das wichtigste Bollwerk der Verteidiger. Die meisten Gebäude im Innern der mächtigen Mauern stammen jedoch aus dem 19. und frühen 20. Jh., denn das Fort diente 1912-1979 als Hauptquartier der Royal Navy.

Inquisitor's Palace

Auch über Maltesern und Rittern schwebte zwischen 1574 und 1798 das Damokles-

...racca Gardens an einem Sommerabend

schwert der Inquisition. Allerdings wurden vom Inquisitor in dieser Zeit insgesamt nur drei Todesurteile gefällt. Folterungen, Einkerkerungen und Prozesse fanden im Inquisitorenpalast in Birgu/Vittoriosa statt, der seine heutige Form 1767 erhielt.
Trqi il-Milna L-Kbira
tgl. 9-17 Uhr, Eintritt 2 Lm

Malta at War Museum
Das Museum und die zu ihm gehörenden Luftschutzbunker in Felsstollen zeigen das Leben auf Malta im Zweiten Weltkrieg. Ein von Sir Lawrence Olivier kommentierter Dokumentarfilm verschafft zusätzliche Einblicke.
Advanced Gate (Wegweiser am Main Gate), *tgl. 10-16 Uhr, Eintritt 2,50 Lm*

MDINA (F 5, s. a. Stadtplan S. 122)

Main Gate
Das barocke Main Gate Mdinas trägt bezeichnenderweise zwei Wappen: der Außenwelt zugewandt das des Großmeisters Manoel de Vilhena, der Wohnstadt des maltesischen Adels zugewandt das der noblen Familie Inguanez, erbliche Statthalter der Könige von Aragón auf den Inseln.

Banca Giuratale
Hier tagte seit 1733 die Università von Mdina, ein aus Vertretern des maltesischen Adels gewählter Stadtrat. Keine Innenbesichtigung möglich.

Cathedral St. Peter & Paul
Die maltesische Bischofskirche ist ein 1697-1702 entstandenes Spätwerk

des maltesischen Architekten Lorenzo Gafà. Wie in der Co-Cathedral in Valletta schmücken auch hier farbige Grabplatten den Boden. Von einem Vorläuferbau, der normannischen Kathedrale Maltas, stammt die geschnitzte Tür aus irischer Mooreiche im linken Seitenschiff. Von Gläubigen immer noch als wundertätig verehrt wird die italo-byzantinische Ikone der Maria lactans in der Sakramentskapelle links vom Chor (15. Jh.).
Mo-Sa 9.30-11.45 und 14-17 Uhr, So 15-16.30 Uhr

Cathedral Museum
Die Sammlung in einem Barockbau von 1733 überrascht durch eine Vielzahl von Kupferstichen und Holzschnitten Albrecht Dürers und seiner Schüler. Dem Meister selbst werden 22 Tafeln des 1511 entstandenen Marienlebens sowie 37 Tafeln der Kleinen Passion zugeschrieben.
Mo-Fr 9.30-16.30, Sa 9.30-15.45 Uhr Eintritt 1 Lm

Palazzo Falzon
Sizilo-normannische Elemente dieses 1495 aufgestockten und modernisierten Palastes sind doppelte Zackenreihen, auch Hundezähne genannt, und Zierwülste an der Fassade.
Innenbesichtigung nur sporadisch möglich

RABAT (F 5)

Domus Romana
Das 2005 nach langjährigen Modernisierungsarbeiten wieder eröffnete, jetzt didaktisch erstklassig gestaltete Museum mit ausführlichen Erläuterungen auch auf Deutsch beinhaltet als Kern die Grundmauern und Mosaike eines römischen Stadthauses aus dem 1. Jh. v. Chr.
tgl. 9-17 Uhr, Eintritt 2,50 Lm

PLÄTZE AUF MALTA

(G/H 7) Blaue Grotte (Blue Grotto)
Vom kleinen Hafen Wied iz-Zurrieq fahren, wann immer es das Wetter erlaubt, kleine Motorboote an der Steilküste der Südwestküste entlang und steuern dabei mehrere Meereshöhlen an. Die eigentliche Blaue Grotte hat zwei Eingänge. Sie ist etwa 30 m lang und stolze 90 m hoch. Die Sonne scheint vormittags in die Höhle. Dann ist sie in bläuliches Licht getaucht,

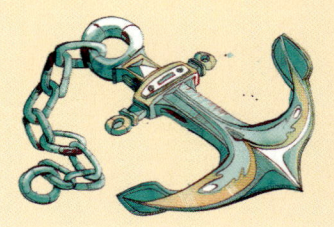

Unterirdisches

St. Paul's Catacombs

Weite Teile Rabats sind unterhöhlt und zeugen von der Größe der frühchristlichen Gemeinde Maltas, die ihre Toten in Katakomben beisetzte. Dass auch in der Frühzeit des Christentums schon Standesunterschiede zum Tragen kamen, zeigt die Verschiedenartigkeit der Grabstätten im hallenartigen Hauptsaal. Am häufigsten sind die einfachen, Loculi genannten Grabkammern oder -schächte, die mit einem unverzierten Deckstein verschlossen wurden. Besonders auffällig sind die aufwändig gearbeiteten Baldachingräber wohlhabender Familien. Von noch mehr Wohlstand zeugen die ebenfalls mit Bögen verzierten Satteldachgräber, deren Dächer aus dem Fels gemeißelt sind.
(F 5) Rabat, St. Agatha Street (ab Hauptplatz ausgeschildert)
tgl. 9-17 Uhr, Eintritt 2 Lm

St. Agatha's Catacombs

Anders als in den St.-Paulus-Katakomben steht der Besucher hier nicht in einer unterirdischen, gut ausgeleuchteten Halle, sondern geht im Schummerlicht durch enge Gänge und kleine, höhlenartige Erweiterungen.
(F 5) Rabat, St. Agatha Street
Mo-Fr 9-12 und 13-17 Uhr, Sa 9-13 Uhr, Führungen etwa halbstündlich, Eintritt 0,50 Lm

schimmern orangefarbene Korallen in ihren Wänden.
Bus 38, 138, Dauer der Bootsfahrt etwa 25 Min., ca. 2,50 Lm

(F 6) Buskett Gardens

Für maltesische Verhältnisse ist dieser kleine Pinien-, Orangen- und Zitronenhain schon ein ausgewachsener Wald. Viele Malteser picknicken hier gern ganz legal, einige andere gehen hier gern ganz illegal auf Vogeljagd. Hoch über dem Park erhebt sich der Verdala Palace, den sich Großmeister de Verdalle (1581-1595) als Jagdschlösschen erbauen ließ. Er dient jetzt als Gästehaus für Staatsgäste und kann nicht besichtigt werden.
Bus 81

(F 6) Clapham Junction

Auf dem Weg vom Verdala Palace zu den Dingli Cliffs kommt man an dem nach einem Londoner Bahnhof genannten Plateau vorbei, auf dem uralte „Karrenspuren" ein weiteres der vielen archäologischen Rätsel der Insel aufgeben.
Bus 81

(F 6) Dingli Cliffs

An den Klippen von Dingli ist Malta besonders schön. Teilweise stürzen sie fast 250 m tief senkrecht ins Meer ab, teilweise werden sie aber auch von einer breiten Terrasse aufgefangen, die im Winterhalbjahr üppig grün ist und als

Farmland genutzt wird. Windschutz bietet die kleine, 1646 erbaute Kapelle Maria Magdalena direkt an den Klippen.
Bus 81

(I 6) Ghar Dalam

Die beleuchtete Höhle barg die ältesten menschlichen Skelettreste Maltas sowie Keramikscherben aus der Zeit um 5200 v. Chr. Versteinerte Tierknochen lagen hier bis dicht unter die Decke und liegen heute ebenso in dem kleinen Museum.
Bus 11, 12, 13, tgl. 9-17 Uhr, Eintritt 1,50 Lm

(I 7) Ghar Hasan

Die Höhle in einer Felswand 100 m über dem Meer bietet vor allem ein schönes Naturerlebnis, wenn man aus dem dunklen Höhleninneren aufs Meer und das vorgelagerte Inselchen Filfla schaut, das 1988 zum Naturschutzgebiet erklärt wurde. Im Neolithikum war die Höhle bewohnt, in punischer Zeit diente sie als Begräbnisstätte.
Keine Busverbindung

(I/K 6) Marsascala

In Marsascala haben viele städtische Malteser eine Zweitwohnung nahe dem Meer, Hotels gibt es auch genug. Der Ort umzieht eine lange Schlauchbucht. An deren Südufer sind zu beiden Seiten des Hotels Jerma Palace noch die flachen Becken im Fels zu sehen, die die Malteser bis zum Zweiten Weltkrieg als Salinen nutzten. Vor dem Hotel steht der St. Thomas Tower. Das wuchtige Bollwerk ließen die Johanniter 1615 erbauen, nachdem hier moslemische Piraten gelandet waren und den Nachbarort Zejtun geplündert hatten. Heute sind Araber Hauptanteilseigner am Hotel direkt gegenüber dem Turm.
Bus 17, 19, 20, 22

(I 6) Marsaxlokk

Maltas einziger echter Fischereihafen. Vor allem hier werden die 0,2 Prozent erwirtschaftet,

Doppelt so alt wie Valletta: Fest

mit denen die Fischerei zu Maltas Bruttoinlandsprodukt beiträgt. Bunte Fischerboote und größere Kutter liegen an den Kais und sind dicht an dicht in der Bucht vertäut. Fischerfamilien sitzen auf der Kaimauer und flicken Netze, an Marktständen werden Waren aus aller Welt als maltesische Souvenirs verkauft. Über allem erhebt sich so malerisch, wie es die Werbepsychologie verlangt, die Pfarrkirche Our Lady of Pompei. Marsaxlokk ist idyllisch – wenn man die Augen nicht zu weit schweifen lässt. Dann nämlich erkennt man auf der anderen Seite der Bucht die Kräne des Containerterminals im Freihafen von Kalafrana und ihm gegenüber den hohen Schlot von Maltas größtem Elektrizitätswerk. Dass die Bucht ein sicherer Hafen ist, hatten auch Maltas ärgste Feinde erkannt. 1565 landeten hier die Heerscharen des osmanischen Sultans, 1798 die Truppen Napoleons.
Bus 27, 427, 627

(E 4) Mellieha

Maltas nördlichstes Dorf liegt auf dem steil zur Mellieha Bay hin abfallenden Höhenrücken der Mellieha Ridge und zieht sich bis an den langen Sandstrand an der Bucht hinunter. Als Pfarrei bestand der Ort schon im 15. Jh. Am 6. September 1565 landeten in der Bucht die 8000 Soldaten des sizilianischen Ent-

Abendlicht in der Bucht: Fischerboote in Marsaxlokk

...at auf Gozo mit barocker Kathedrale

satzheeres, deren Ankunft die Osmanen endgültig in die Flucht trieb.
Bus 43, 44, 45, 48, 645

(E 5) Mgarr

Das Dorf mit mächtiger Kuppelkirche ist ein Hort ländlicher Beschaulichkeit am Rande des grünen, ursprünglichen Malta. 150 m vom Kirchplatz entfernt sind die eingezäunten, sehr bescheidenen Reste des neolithischen Tempels Ta' Hagrat zu sehen. Links unterhalb der Straße von Mgarr zur Golden Bay harren Überreste sehr kleiner römischer Thermen ihrer Restaurierung durch die Archäologen. Sie können deshalb bis auf weiteres nicht besichtigt werden.
Bus 47 nach Mgarr
Ta' Hagrat nur Di 9.30–11 Uhr
Der Eintritt kostet 2 Lm

(G 5) Mosta

Das kleine Städtchen im Binnenland rühmt sich der viertgrößten Kirchenkuppel der Welt. Sie spannt sich über die Mariä Himmelfahrt geweihte Pfarrkirche und ist für ganz Malta eine weithin sichtbare Landmarke.
Die freitragende Konstruktion hat einen inneren Durchmesser von 39 und einen äußeren von 52 Metern und erreicht mit Laterne eine Höhe von 66 Metern. 12 000 Gläubige finden unter ihr Platz. Als Vorbild für die Rundkirche diente das Pantheon in Rom. So wurde der Rotunde auch eine klassizistische Fassade vorgesetzt. Die beiden flankierenden Glockentürme sind beim römischen Pantheon heute nicht mehr zu finden, standen dort aber noch im 19. Jh., als die Kirche von Mosta von den Dorfbewohnern mit eigener Hände Arbeit und nur von ihnen selbst finanziert erbaut wurde.

Das Innere ist mit Szenen aus dem Leben Jesu geschmückt. Ein besonderes Ausstellungsstück ist die deutsche Fliegerbombe in der Sakristei. Sie zerschlug während einer Messe am 9. April 1942 die Kuppel, explodierte aber nicht. Dass die Bombe keinen Schaden anrichtete, wird als göttliches Zeichen betrachtet.
Zahlreiche Buslinien

(G 5) Naxxar

Am Kirchplatz von Naxxar kann der Palazzo Parisio besichtigt werden. Großmeister de Vilhena ließ ihn 1733 erbauen. 1898 kaufte ihn der maltesische Marquis Giuseppe Scicluna, dessen Familie ihn noch immer ihr eigen nennt.
Bus 55, 65, Victory Square
Führungen Mo-Fr 9-15 Uhr zu jeder vollen Stunde, Eintritt 3,25 Lm

(H 4/5) Sliema und St. Julian's

Die beiden Urlaubszentren gehen nahtlos ineinander über. Fast alles, was zählt, spielt sich hier entlang der zwar stark befahrenen, aber schön gestalteten Uferstraße ab.
Kommt man von Valletta, passiert man zunächst die Zufahrt zu **Manoel Island,** einer flachen Insel im Marsamxett Harbour. Sie gehört zur unmittelbar an Sliema angrenzenden Gemeinde Gzira. Der Orden nutzte sie als Quarantänestation, Großmeister Manoel de Vilhena ließ um 1730 an ihrer Ostspitze ein kleines Fort errichten. Heute dient dieses vor allem als winterlicher Lagerplatz für Yachten; direkt vor dem Fort hat der Royal Yacht Club of Malta seinen Sitz. Zwischen Manoel Island und Sliema bildet der **Sliema Creek** den Heimathafen für die Flotte der Ausflugs- und Hafenrundfahrtsdampfer. Im Norden begrenzt ihn die Tigne-Halbinsel zur offenen See hin, die Investoren gerade in ein monströses Luxushotel- und Touristenzentrun verwandeln. Das **Tigne Fort** an ihrer Spitze ist ein Spätwerk der Ritterzeit: 1792 begonnen, wurde es gerade rechtzeitig vor der kampflosen Kapitulation des Ordens vor Napoleon fertig.
Noch jünger ist das **Fort Il-Fortizza** am Sliema Point, das erst die Briten errichten ließen. Weiter zurück in die Ritterzeit führen der **St. Julian's Tower** von 1658 und der kleine Spinola Palace von 1688. Er überblickte damals die heute dank vieler traditioneller

maltesischer Boote sehr fotogene Spinola Bay und steht bereits am Rande von Paceville (gesprochen: Pahtschewill), dem Zentrum des jungen maltesischen Nachtlebens.
Zahlreiche Busverbindungen, *Innenbesichtigungen der historischen, heute zum Teil als Restaurants genutzten Gebäude nicht möglich*

(F 4) St. Paul's Bay, Buggiba und Qawra
Ursprünglich war St. Paul's Bay das einzige größere Dorf zwischen den Buchten. Sein Zentrum, sein kleiner Fischerhafen und die Uferstraße haben noch ein wenig historisches Flair, das Buggiba und Qawra völlig abgeht.
Sandstrände gibt es in keinem der Orte. Man badet von Felsplatten und künstlichen Plateaus aus, vergnügt sich an Pools und in Hallenbädern.
In Ordenszeiten wurden die beiden Buchten durch zwei kleine Wachttürme geschützt. Der Qawra Tower aus der Mitte des 17. Jhs. auf der Spitze der Halbinsel ist heute ein Restaurant, der kürzlich restaurierte Wignacourt Tower aus dem Jahr 1610 in San Pawl kann besichtigt werden. Einen Blick lohnt auch die Pfarrkirche von St. Paul's Bay. An der Außenwand wird in sechs verschiedenen Sprachen Vers 28 der Apostelgeschichte zitiert, der von der Landung des Paulus auf Malta berichtet.
Zahlreiche Busverbindungen *Wignacourt Tower Mo-Mi und Fr/Sa 9.30-12.30 Uhr, Spende erbeten*

(I 5) Zabbar
Ausgerechnet im unscheinbaren Binnendorf Zabbar erinnert ein funktionsloses Triumphtor an den einzigen deutschen Großmeister des Ordens, Ferdinand von Hompesch. Ob der Großmeister dafür die Finanzmittel bereitgestellt hatte, weiß man nicht.
Bus 18, 19, 20, 21, 22, 23

GOZO

(A 2) Dwejra Inland Sea
Nur wenige Meter von der Küste entfernt füllt Salzwasser eine kraterähnliche Senke in der Felslandschaft aus, die durch einen natürlichen, 52 m langen Felstunnel mit dem offenen Meer verbunden ist. An Betonstegen liegen Fischerboote. Mit einigen von ihnen kann man durch den Tunnel aufs Meer hinausfahren, die nahe Grotte Il-Hofra tasl-Bedwin ansteuern oder das Azure Window (Blaues Fenster) und den Fungus Rock (Pilzfels).
Bus 81

(B 2) Rabat/Victoria
Die Gozitaner nennen ihre Inselmetropole Rabat, die Briten haben ihr 1887 anlässlich des 50-jährigen Thronjubiläums ihrer Queen den Namen Victoria gegeben. Historische Keimzelle der Stadt ist die **Zitadelle** auf einem steil aufragenden Tafelberg. Er war schon in der Bronzezeit besiedelt und spätestens seit römischer Zeit befestigt. Von den Bastionen aus blickt man über

---

MERIAN | DER STEINKREIS VON XAGHRA: KNOCHEN, STATUEN UND ALTÄRE

Hauptattraktion des jungsteinzeitlichen Malta ist das **Hal Saflieni Hypogäum**, die bis vor kurzem einzigartige unterirdische Totenstätte. In den neunziger Jahren wurde auf Gozo, ganz in der Nähe des Tempels von Ggantija, eine vergleichbare Anlage (wieder-)entdeckt (s. S. 64 ff). Sie wird noch erforscht und ist Besuchern nicht zugänglich. Im Gegensatz zum Hypogäum ist die Anlage nicht tief in die Erde getrieben, sondern nutzt natürliche **Höhlen ❹** aus, die zum Teil erweitert wurden. Ein **Steinkreis ❶**, der heute nicht mehr existiert, war im 19. Jh. noch vorhanden.

Von ihm führt eine **Ritualstraße ❷** vorbei an zwei kleinen **Höhlen ❸**, die etwa 500 Jahre älter sind als die Anlage. Hier wurden die **Knochen von rund 60 Menschen** niedergelegt. Das Heiligtum selbst weist mindestens zwei **Altäre** auf, auf einem stand noch in der Fundsituation eine einzigartige Statue der „fat persons" ❺ (Foto auf S. 67 u.): Zwei dicke Wesen sitzen nebeneinander, die rechte hält eine Schale in Händen, die linke ein Abbild ihrer selbst. Die Figur auf dem zweiten **Altar ❻** wurde absichtlich zerschlagen, ihre Teile über das Areal verstreut. Das gilt auch für die Knochen der Toten, die meisten lagen in einer großen Grube ❼ oder waren zerschlagen und verstreut, lediglich vor dem Eingang zur größten Höhle ❽ sind zwei Menschen offenbar bestattet worden. Die übrigen sind **Sekundärbestattungen**, das heißt, die etwa 1000 Toten ruhten zuvor anderswo, nur ihre Knochen kamen hierher. Im Übrigen fand sich eine Fülle von Terrakotta- und Sandsteinfiguren, die zum Teil selbst innerhalb der maltesischen Steinzeitkultur unvergleichlich sind.
Weitere Infos, auch über die übrigen Tempel, ab S. 64.

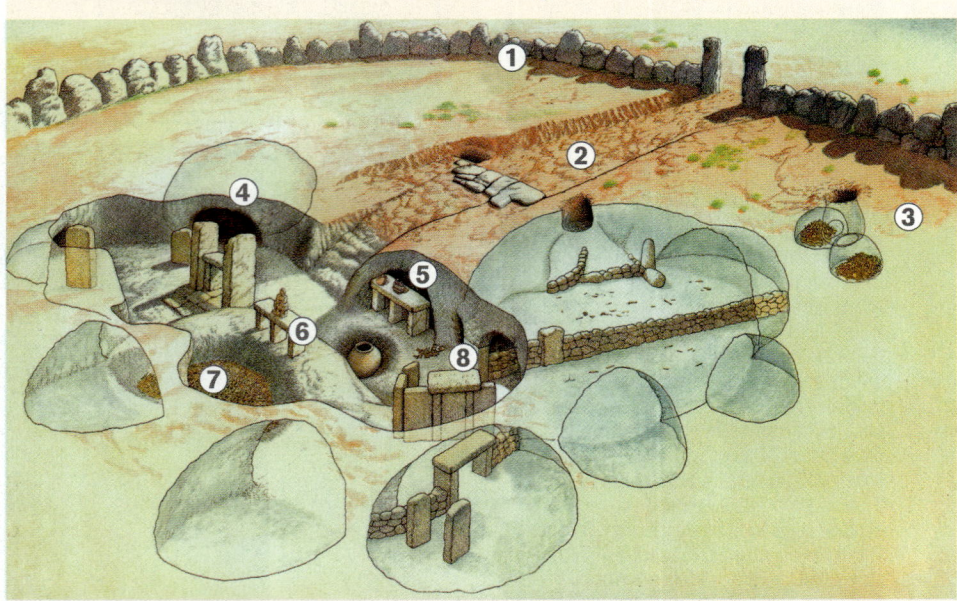

Noch im Stadium der Erforschung: Totenhöhlen in der Nähe von Ggantija auf Gozo

Gozos Pilgerstätte seit 1930: die Marienkirche von Ta Pinu

die Insel, innerhalb der Mauern drängen sich alte Häuser, die Kathedrale und einige Museen dicht aneinander. Das **Archäologische Museum** in einem alten Adelspalast zeigt Funde vom Neolithikum bis in byzantinische und arabische Zeit. Das **Volkskundliche Museum** nimmt drei Häuser im normanno-sizilianischen Stil aus der Zeit um 1500 ein. Im **Alten Gefängnis**, das von etwa 1550 bis Anfang des 20. Jh. seine Aufgabe versah, ist die Vielfalt von Graffiti ehemaliger Insassen besonders anrührend. Beeindruckender als das **Bischöfliche Museum** ist die 1697-1716 erbaute Bischofskirche selbst. Das 1732 entstandene Deckengemälde von Antonio Manuele beeindruckt durch seinen Illusionismus: Obwohl völlig flach, wirkt die Decke wie eine Kuppel. Außerhalb der Zitadelle liegt der heutige Hauptplatz der Stadt, die Pjazza Independenza. An der hier beginnenden Triq Ir-Repubblika liegen die beiden großen **Opernhäuser** der Insel: Aurora mit 1400 und Astra mit 1100 Zuschauerplätzen.
Busverbindungen zum Hafen Mgarr sind auf den Fährverkehr abgestimmt.
Staatliche Museen in der Zitadelle Mo-Sa 9-17 Uhr, Einzeltickets je 1 Lm, Multi Site Ticket für alle vier Museen 2 Lm

(C 1) Marsalforn

Gozos bedeutendster Ferienort umschließt die gleichnamige Bucht an der Nordküste. An ihrem Ostufer liegt ein kleiner Bootshafen, an den sich ein schmaler Sandstrand anschließt.
Bus 21

(C 1) Ramla Bay

Gozos schönster Strand ist etwa 500 m lang und 35 m breit. Mitten auf dem rötlichen Sand steht eine gräulich-weiße Marienstatue, ansonsten sind das Ufer und das dahinter liegende, langgestreckte Tal völlig unverbaut. Nicht einmal ein Restaurant gibt es hier, nur ambulante Imbiss- und Getränkewagen.
Bus 42 (nur im Sommer)

(B 1) Ta' Pinu

Die außerhalb aller Dörfer inmitten freier Natur stehende Marienkirche ist Gozos bedeutendstes Pilgerziel. 1883 hatte hier die Bäuerin Karmni Grima eine Marienerscheinung, vier Jahre später verhinderte die heilige Jungfrau von Ta' Pinu nach Volkesmeinung, dass eine auf Malta ausgebrochene Choleraepidemie nach Gozo übersprang. Der Bau (1920 bis 1932) im neoromanischen Stil ist mit Buntglasfenstern und aufwändigen Mosaiken geschmückt, der 47 m hohe Campanile eine Landmarke der Insel.
Bus 61, 91, *tgl. 6.45-12.30, 13-19.30 Uhr (Nov.-März nur bis 18.30 Uhr)*

(C 1/2) Xaghra

Die Bars im Schatten der Marienkirche gehören zu den letzten authentischen Dorfkneipen des Landes. Am Südrand des Dorfes liegt der neolithische Tempel Ggantija (s. S. 64). Zwischen Ggantija und dem Dorfplatz ragt die einzige als Museum hergerichtete Windmühle des Landes, Ta' Kola, aus dem Jahr 1725 auf.
Bus 64, 65
Windmühle tgl. 9-17 Uhr, Eintritt 1 Lm

MERIAN | MALTESISCHE KÜCHE

Wein, Käse, Brot

Rückbesinnung in Küche und Keller

Seit Anfang dieses Jahrtausends schießen auf Malta die „Wine Bars" aus dem Boden. Genauer: Sie siedeln sich bevorzugt in historischen Gewölbekellern und alten Stadthäusern an und kredenzen zunehmend auch maltesische Tropfen. Zwar wird viel maltesischer Flaschenwein noch immer aus importierten norditalienischen und französischen Trauben gewonnen, aber zunehmend setzen Maltas Winzer auch aufs Pflanzen international renommierter Rebsorten in eigenen Gärten. Immer mehr Felder werden umgepflügt und in Rebgärten verwandelt. Syrah, Shiraz, Merlot, Chardonnay und Cabernet Sauvignon machen den heimischen Rebsorten Gellewza und Ghirghentina nun heftig Konkurrenz. Einfachen Landwein trinkt man nur noch in Dorfkneipen und in Gozos Hauptstadt Rabat, wo der dunkle, rote **Bishop's Wine** ausgeschenkt wird.

Einfach, klar und köstlich: knackiges Sauerteigbrot, hocharomatische Tomaten, Kapern, Honig, Käse und Rotwein

Der passt hervorragend zum **Gbejniet**, einem kleinen, runden Käse aus Schafs- oder Ziegenmilch. Er schmeckt frisch ebenso gut wie als **Gbejniet tal-bzar**: luftgetrocknet und dann mit Meersalz und Pfeffer in viel Olivenöl und etwas Weinessig eingelegt. Ideal zu Landwein und Bier ist auch **Hobz bis-zejt**, eine Art Bruschetta: maltesisches Sauerteigbrot unter reichlich frischen und getrockneten Tomaten, Zwiebeln, Knoblauch und Tunfisch in Olivenöl. Ein guter Snack für zwischendurch sind auch die **Pastizzi**, kleine mit Erbsenmus oder Ricotta-Käse gefüllte Teigtaschen.

MALTAS KÜCHE

Wer als Gourmet nach Malta kommt, wird leicht enttäuscht. Zu lang die Tradition bäuerlicher Schlichtheit, zu stark der britische Einfluss, als dass die Inseln als Höhepunkt mediterraner Küche gelten könnten. Wer ins erstbeste Restaurant geht, wird daher kaum begeistert sein. Allerdings gibt es die gute maltesische Küche, man muss sie aber suchen und finden. MERIAN-Leser haben es da einfacher:

MALTA

(I/K 6) Marsaskala: Tudor Inn
Gewagte Küche: z.B. gebratene Kaninchenleber, in Orangenmus und Kreuzkümmel mariniert, serviert mit Himbeeressig und Pinienkern-Vinaigrette – oder Kotelett, gefüllt mit Salbei, Rosinen und Zwiebeln.
50 Triq Is-Salini
Tel. 21 63 64 16, *Di-Sa 19-22.30, So 12-14.30 Uhr*

(E 5) Mgarr: Il-Barri
Schnörkellos, preiswert und beste Bauernküche: Kaninchen, zusammen mit Schweinebauch geschmort, Pferdefleisch und Wachteln, aber auch die gängigen Gerichte wie die maltesische Roulade Bragoli.
Am Kirchplatz, Tel. 21 57 32 35
Tgl. 9-22 Uhr

(F 5) Mdina: Ciappetti
Das Essen ist gut, das Ambiente phantastisch. Man sitzt in einem Haus, dessen Mauern teilweise noch aus normannischer Zeit stammen, mit Garten und Panorama-Terrasse auf einer Bastion der Stadtmauer.
5 St. Agatha's Esplanade
Tel. 21 45 99 87
www.ciappetti.com
Di-So 12-15 Uhr,
Di-Sa auch 19.30-22 Uhr

(H 4) Paceville: La Maltija
Maltesische Küche vom Fernsehkoch. Rustikal und preisgünstig.
1 Church Street, Tel. 21 35 96 02
Mo-Sa 18-23 Uhr

Gozitanische Spezialitäten für me

(H 4/5) Sliema: Ta Kolina
Als andere Restaurants noch glaubten, maltesische Küche nicht anbieten zu können, hatte man sich hier schon vor 30 Jahren darauf spezialisiert.
151 Tower Road
Tel. 21 33 51 06
Tgl. ab 17.30 Uhr

(H 4/5) Sliema: The Kitchen
Preisgekrönte kreative Küche in minimalistischem Ambiente. Gut zum Abkühlen: das sommerliche Opuntien-Sorbet.
210 Tower Road
Tel. 21 31 11 12

(H 4) St. Julian's: Barracuda
Im Salon der Villa aus dem 18. Jh. direkt am Meer haben schon Sharon Stone, Madonna und Brad Pitt die mediterrane Küche mit Blick auf die Baluta Bay genossen. Ein Hummerbecken ist da selbstverständlich.
194 Main Street, Tel. 21 33 18 17
Tgl. 19.15-23 Uhr
(im Winter So geschl.)

(H 4) St. Julian's: Meze
Beim Mezé kommen zehn verschiedene Gerichte auf den Tisch, von denen sich jeder nimmt, was und wieviel er will. Man wählt zwischen griechischer, italienischer und maltesischer Variante.
12 St. George's Road
Tel. 21 38 76 00

taliritanische Gäste: das Dorfrestaurant Oleander in Xaghra

Tgl. 19-23 Uhr (im Winter Mo. geschl.)

(F 4) St. Paul's Bay:
Wild Thyme
Gnadenlos klassisch möbliert in einem völlig unromantischen Neubauviertel ohne Aussicht. Umso engagierter der junge Wirt und Fernsehkoch Marvin Gauci und überraschend kreativ die mediterran geprägte Karte. Auch gut für Käse- und Fleischfondue.
Xemxija Heights, Tel. 21 57 22 02
www.thewildthyme.com
Mo-Sa

(a 4) Valletta: Giannini
Kürbiscremesuppe mit frischen Sardinen, dann Oktopusstew und als Hauptgang in Knoblauchsauce gekochtes Kaninchen: typisch Malta. Dabei blickt man auf Manoel Island und den Sliema Creek.
23 Windmill Street
Tel. 21 23 71 21
Mo-Fr 12-14,
Mo-Sa 19.30-22.30 Uhr

(F 4) Xemxija, St. Paul's Bay:
Mange Tout
Acht Tische, keine Außenterrasse, aber exzellente französisch-mediterrane Küche. Für viele das beste Restaurant der Insel.
356 St. Paul's Street
Tel. 21 57 21 21
Mo-Sa 19.30-22.30 Uhr

GOZO

(C 1) Marsalforn: Il-Kartell
Näher am Wasser kann man auf Gozo nicht speisen. Fisch und Fleisch werden nach den Wünschen der Gäste zubereitet, auch maltesische Spezialitäten sind auf der Karte.
Marina Street
Tel. 21 55 69 18, *tgl. 11.30-15.30 und 18-22.45 Uhr*

(C 1) Xaghra: Ghester
Essen wie ein gozitanischer Arbeiter. Gemma Said kocht, ihre Schwester Esther Said serviert, beide Vornamen zusammengezogen ergeben den Namen des Lokals. Die höchstens 26 Gäste sitzen eng wie in einem Speisewagen 3. Klasse und dinieren erstklassig rustikal und superpreiswert. Fünf verschiedene hausgemachte Suppen 1,20 Lm, Hauptgerichte maximal 3,50 Lm.
Triq It-8ta'Settembriu
Tel. 21556621
Mo-Sa 12-15 Uhr

(C 1) Xaghra: Ta Frenc
Nach Meinung vieler Kritiker seit vielen Jahren das beste Restaurant auf Gozo und vielleicht sogar im ganzen Staat. Man sitzt im stilvoll möblierten Bauernhaus aus dem 14. Jh. oder im großen Garten, in dem auch die Küchenkräuter und viel Gemüse gedeihen. Wach-

teln und andere Wildvögel werden auf der eigenen Farm gezüchtet. Die Karte gleicht einem Fahrplan durch die Mittelmeerländer, im Weinkeller lagern über 500 Weine aus aller Welt.
Triq Ghajn Damna, abseits der Straße von Marsalforn nach Victoria/Rabat, Tel. 21 55 38 88
www.tafrencrestaurant.com
Mi-Mo 12-14 und 19-22.30 Uhr (Jan-März nur Fr-So 12-14 Uhr)

(C 1) Xaghra: Oleander
Eine echte Dorftaverne, immer gut von Einheimischen besucht. Man isst Fischsuppen, Kaninchen oder Lamm.
10 Victory Square
Tel. 21 55 72 30
Di-So 12-15 und 19-22 Uhr

SPEZIELLES

(H 4) St. Julian's:
Supperlounge
Das Neueste aus der Erlebnis-Gastronomie ist die „Dining in bed experience". Die Szene zieht die Schuhe aus, lümmelt sich bei Kerzenlicht meist ganz in Weiß auf extragroßen Betten, schlürft Champagner und genießt die Fusion Cuisine bei sanfter Lounge-Music. Wer nur schauen will, ist an der Bar willkommen.
St. George's Bay
Tel. 21 38 18 24
www.supperlounge.com
Mi/Do 20-2, Fr/Sa 20-4 Uhr

(d 3) Valletta:
German-Maltese Circle
In die Café-Bar des 800 Mitglieder starken Vereins geht man nicht der kulinarischen Genüsse wegen, sondern weil man hier bei einem Mokka oder einem kleinen Imbiss Malteser kennenlernen kann, die sich für die deutsche Kultur interessieren oder die in den Sprachkursen der privaten Non-Profit-Organisation Deutsch lernen.
Messina Palace
141 St. Christopher Street
Tel. 21 24 69 67
www.germanmaltesecircle.org
Mo-Fr 9-17, Sa 9-12 Uhr

MERIAN | BAUERNHÄUSER AUF GOZO

Wohnen mit Flair

Ursprüngliches erleben und Komfort genießen

Paul Scicluna ist Gozitaner mit Leib und Seele. Gozitanisches Lebens- und Wohngefühl vermitteln seine 28 modernisierten Farmhäuser – so genannte Razzetts –, die zu komfortablen, aber ihre Ursprünglichkeit bewahrenden Ferienhäusern ausgebaut wurden. Verputzte Wände sind in Razzetts tabu. Restaurierte Mauerflächen aus dem maltesischen Kalkstein passen sich farblich schnell den alten Gemäuern an. Alles wirkt wie aus einem Guss. Steinerne Futterkrippen werden ebenso ins Innen-Design integriert wie Taubenschläge, Stützbögen und Kamine. An den Wänden hängen manchmal Maulkorb und Zaumzeug, im Salon

Typisch gemütlich: einst Bauern-, jetzt Ferienhaus

stehen Schubfachschränke aus alten Krämerläden. Wendeltreppen führen aufs Dach, von denen aus der Blick über Dorf und Landschaft fällt. Auf Klimaanlagen kann verzichtet werden, da die dicken Mauern stets für die richtige Raumatmosphäre sorgen. Ein gängiger Luxus ist jedoch der kleine, private Pool im Außenhof, wo ein Grill nie fehlen darf.

Der Kontakt mit Einheimischen ergibt sich für die Mieter im Razzett fast automatisch. Eier, Gemüse, gozitanischen Käse und Landwein kauft man in der Nachbarschaft direkt beim Erzeuger; das Zimmermädchen stammt von der Insel. In der Bar am Dorfplatz wird man schnell als Gozitaner auf Zeit erkannt. Paul Scicluna ist schon lange nicht mehr der einzige Anbieter von Ferienhäusern auf Gozo. Etwa 200 Razzetts werden jetzt auf der Insel vermietet.

Gozo Farmhouses, 3 Mgarr Road, Ghajnsielem (C 2)
Tel. 21 56 12 80, Fax 21 55 87 94, www.gozofarmhouses.com
Weitere gozitanische Anbieter unter www.gozo.com

MALTA

Eine der feinsten Adressen der Ins

(c 5) Asti
Treffpunkt für sparsame Globetrotter, 8 Zimmer, einfach, herzlich, mitten in der City.
18 St,. Ursula St., Valletta
Tel. 21 23 95 06
Kein Fax, keine Website
14 Lm ganzjährig,
Guesthouse 1. Kat.

(I 6) Golden Sun
Das einzige Hotel in Maltas schönstem Fischerdorf liegt nur 70 m vom Hafen entfernt. Es bietet 14 schlichte Apartments mit ein bis drei Schlafzimmern, 9 Hotelzimmer und einen kleinen Pool.
Triq il-Kajjik, Marsaxlokk
Tel. 21 65 17 62, Fax 21 65 31 33
www.goldensunhotelmalta.com
Ab 13 Lm, HS ab 17 Lm

(F 4) Grand Hotel Mercure Selmun Palace
Im Palast aus dem 17. Jh. hatte die Stiftung ihren Sitz, die sich dem Freikauf christlicher Sklaven widmete. Heute kann man darin in sechs Suiten wohnen oder romantisch speisen. Der Palast gehört zum dreigeschossigen Grand Hotel, das 164 weitere Zimmer und Suiten bietet. Ein Shuttle-Bus fährt zum Hotelstrand, Mountainbikes kann man mieten.
Selmun, Mellieha
Tel. 21 52 10 40
Fax 21 52 11 59
www.accorhotels.com
Ab 12 Lm, HS ab 43 Lm

(a 4) Osborne
Traditionsreiches Hotel mit 54 Zimmern im Herzen Vallettas, 2006 teilrenoviert. Freundlich ohne Pomp, Mini-Pool auf dem Dach.
50 South Street, Valletta
Tel. 21 23 21 27
Fax 21 24 72 93
www.osbornehotel.com
28 Lm ganzjährig

(E 3) Ramla Bay Resort
Das ideale Quartier für Familien und Wassersportler. Kleiner, ganz flach abfallender Sandstrand, 2 Pools und Hallen-

bad, Wassersportstation und Tauchschule. Bootsfahrten nach Comino, Mountainbikeverleih und Kinderclub für 4- bis 12-Jährige. Auch all inclusive buchbar.
Tel. 21 52 22 81
Fax 21 57 59 31
www.ramlabayresort.com
Ab 23 Lm, HS ab 52,50 Lm

(E 4) SAS Radisson Golden Sands
Im 2005 neu eröffneten Hotel mit 337 Zimmern hat man den Sandstrand direkt vor der Tür. Die Hälfte der Zimmer und die Pool-Terrasse bieten einen schönen Blick entlang der hier völlig unverbauten Küste mit ihren Steilufern. Von den landseitigen Zimmern schaut man auf Felder und Weiden, auf denen manchmal sogar noch Schafe und Ziegen grasen.
Golden Bay / Ghajn Tuffieha
Tel. 21 57 51 79, Fax 21 57 51 85
www.goldensands.com.mt

(F 5) The Xara Palace Relais & Chateau
Innerhalb der Mauern der stillen Stadt Mdina gibt es nur ein einziges Hotel: einen Palazzo aus dem späten 17. Jh. Seine 17 Zimmer und Suiten sind mit Originalgemälden und Antiquitäten eingerichtet, das Restaurant auf dem Dach zählt zu den feinsten Gourmet-Adressen der Insel.
Misrah il-Kunsill, Mdina
Tel. 21 45 05 60, Fax 21 45 26 12
www.xarapalace.com.mt
Ab 101 Lm ganzjährig,
Grand Master's Suite 291 Lm
Ab 50 Lm, HS ab 80 Lm

Xara Palace in den historischen Mauern von Mdina

GOZO

(B 2) San Andrea
Wohnen am Fjord. Vom Dachgarten und den Balkonen der meisten der 28 modernen Zimmer führt die enge, felsige Schlauchbucht den Blick aufs weite Meer. Ein Miniaturstrand liegt direkt unterhalb der Uferpromenade.
St. Simon St., Xlendi/Gozo
Tel. 21 56 55 55, Fax 21 56 54 00

www.hotelsanandrea.com
Ab 16 Lm, HS ab 28 Lm

(H 4) Valentina
Ideal für kürzeste Wege in die Diskos und Clubs von Paceville. 28 Zimmer in fröhlichen Farben.
Schreiber St./Diobbie St., Paceville
Tel. 21 38 22 32, Fax 21 38 24 07
www.hotelvalentina.com
Ab 16 Lm, HS ab 32 Lm

MERIAN | HIER WOHNTEN UNSERE AUTOREN

(C 1) Calypso
Marc Bielefeld: Das Calypso liegt an der kleinen Bucht von Marsalforn im Norden von Gozo. Die Zimmer sind klein, aber modern, und von den meisten blickt man vom Balkon direkt auf das spüligrüne Meer. An der Mole liegen Fischerboote, in unmittelbarer Nähe viele Cafés und Restaurants. 100 Zimmer, Pool auf dem Dach.
Marina St., Marsalforn/Gozo
Tel. 21 56 20 00, Fax 21 56 20 12
www.hotelcalypsogozo.com
Ab 50 Lm, HS ab 72 Lm

(H/I 5) Le Meridien Phoenicia
Michael Schophaus: Zwar ist das „Le Meridien Phoenicia" nicht ganz billig mit seinen 5 Sternen, dafür bietet es von seinem Hügel einen fantastischen Ausblick über Valletta. Das Haus im Kolonialstil der frühen 20er Jahre bietet einen großen Park mit Pool, Frühstück von englisch bis gesund, prächtige Speisekarte am Abend und Personal, das dreimal am Tag fragt, ob alles in Ordnung ist. Das laute Hupen vom nahen Busbahnhof können sie aber auch nicht abstellen. Sorry, sagen sie dann, aber kann ich sonst noch was für Sie tun?
The Mall, Floriana, Valletta
Telefon 21 22 52 41, Fax 21 23 52 54

www.lemeridienphoenicia.com
Zi 50 bis 135 Lm

(F 4) Primera Hotel, Bugibba
Roland Benn: Wer alt ist, nicht mehr ganz gesund und schwach betucht, der soll ins Primera nach Bugibba kommen. Das Personal ist rührend um die dear old guests bemüht, das Essen ist britisch, als Höhepunkt des Urlaubs gibt es Disco mit Tom Jones. Der Autovermieter gegenüber hat „Rollstühle" aller Klassen, der Fitnessraum ist wegen Osteoporose geschlossen.
Pioneer Road, Bugibba, St. Paul's Bay
Tel. 21 57 38 80, Fax 21 58 12 90
Flug, 3 Tage DZ/Frühstück ab 314 € bei
www.malta-tours.de

(H 4) Hotel Juliani, St. Julian's
Inka Schmeling: Morgens laufen die Jogger zur Spinola Bay, nachmittags tuckern die Fischer in ihren bunten Booten, abends knattern die Jugendlichen auf ihren Vespas. Im Designhotel Juliani fühlt man sich wie im Kino in der ersten Reihe. Und wenn's zu doll wird, schließt man die schalldichten Fenster oder fährt zum Pool auf dem Dach.
12 St. George's Road, Tel. 21 38 80 00
Fax 21 38 78 00, www.hoteljuliani.com
ab 48 Lm Ü/F für 2 Personen

MERIAN | WELLNESS

Gesund und schön

Maltas Hotels locken mit Wohlfühl-Angeboten

Die Wellness- und Beauty-Welle hat auch Malta und Gozo erreicht. Ob Vinotherapie mit mediterranen Trauben oder eine Ohrenkerzenkur der Hopi-Indianer, ob Bäder im Salzwasser des Toten Meeres oder Anwendungen traditioneller chinesischer Medizin – der Körper kann sich in Malta auf wohltuende Weltreise begeben. Um die reale Exotik zu vermeiden, kommen viele Gäste ins „Kempinski Hotel San Lawrenz" auf Gozo. Sie genießen Ayurveda-Kuren lieber im luxuriösen Ambiente einer ihnen vertrauten Welt. Für weitgehende Authentizität sorgen nicht nur ein indischer Ayurveda-Arzt und sechs indische Therapeutinnen, sondern auch ein indischer Koch in der Hotelküche, der den Kurenden gegen Extrabezahlung die verordneten Ayurveda-Menüs bereitet.

Kempinski-Hotel: Indien-Ambiente im Mittelmeer

Massiver hingegen der Auftritt des „Hotel Fortina Spa Resort" in Sliema. Die Spabereiche des Hotels gehören zu den größten im Mittelmeerraum – und seit dem 30. April 2006 darf sich das Fortina sogar einer weltweiten Einzigartigkeit rühmen: 50 bis 100 m² große therapeutische Spa-Schlafzimmer. Wer die bucht, hat seinen ganz privaten Spa-Bereich gleich neben dem Bett. Therapeuten kommen auf Wunsch aufs Zimmer – und für den Grill am privaten Pool auf der eigenen, von Blicken total abschirmbaren Dachterrasse kann man sich den Barbecue-Meister gleich mitservieren lassen.

Kempinski Hotel San Lawrenz (B 2) Triq ir-Rokon San Lawrenz/Gozo, Tel. 22 11 00 00 www.kempinski-gozo.com
Hotel Fortina Spa Resort (H 4/5) Tigné Seafront, Sliema Tel. in Deutschland: 08 00 1 84 45 44 (gebührenfrei) Tel. 23 46 00 00, www.hotelfortina.com

AM TAG

Nicht Malta, sondern die Abgründe rundherum locken die meisten Sport-Enthusiasten: Malta ist als Tauchrevier attraktiv. Und man kann hier ganz unerwartet dem Kletterrausch verfallen – auch wenn der höchste Punkt der Insel gerade einmal 253 m über dem Meeresspiegel liegt.

Abseiling & Rockclimbing
Richie Abela kennt über 1200 Routen fürs Climbing und Abseiling auf Malta und Gozo, bietet Kurse für Anfänger und Begleitung für Könner an. Für 25 Lm geht er mit einem Gast vier Stunden auf Tour; bei zwei und mehr Personen zahlt jeder 15 Lm inklusive Transfer – und kann erzählen, zum Bergsteigen auf Malta gewesen zu sein.
Richie Abela, Tel. 21 48 02 40
www.malta-rockclimbing.com

Tauchen
Über 40 Tauchzentren und -schulen sind auf den Inseln aktiv. Die Fremdenverkehrszentrale hat zum Thema Tauchen eine eigene deutschsprachige Broschüre herausgebracht. Eine Dekompressionskammer gibt es nur im St. Luke's Hospital in Gwardamanga bei Valletta. Ein vier- bis fünftägiger PADI-Anfängerkurs kostet 270 bis 300 Euro. **Siehe auch S. 76**

Wassersport
Vor allem an den Stränden im Norden und auf Comino werden im Sommer fast alle Arten von Wassersport angeboten. Speedboote mit 175 PS kosten ca. 45 Lm/Std., Tretboote 5 Lm/Std. Ein Surfboard samt Rigg ist für 8 Lm/Std. zu haben, Laser-Jollen für 10 Lm/Std. Für zweisitzige Jet-Bikes zahlt man 20 Lm für knapp 5 Stunden, für eine Schnorchelausrüstung 3 Lm/3 Std. Auch Wasserski, Parakiting und Funrides stehen auf dem Programm, zum Beispiel bei:
Borg Watersports an der Golden Bay (E 4), Tel. 21 57 32 72

AM ABEND

Informationen über aktuelle Ausstellungen, Kinoprogramm, Konzerte und Theateraufführungen findet man im Internet. Ein Online-Buchungssystem ist im Aufbau.
Tel. 21 22 32 00, www.sjcav.org

Folklore
Im Restaurant Ta' Marija in Mosta kann man an Mittwoch- und Freitagabenden maltesische Musik und Folklore zu erstklassigem maltesischem Essen genießen. Reservierung und Terminbestätigung dringend zu empfehlen:
(G 5) Ta' Marija, Constitution Street, Mosta, Tel. 21 43 44 44
Di-So 11-14.30,
Di-Sa auch 18-23 Uhr

Diskos und Clubs
Über 350 Diskotheken, Clubs, Bars und Restaurants locken an jedem Freitag- und Samstagabend bis zu 40 000 junge Leute nach Paceville. Allein Maltas größte Tanzfläche im „Numero Uno" bietet Platz für 3000 Nachtschwärmer. Der Eintritt ist meist frei, Nobeldiskos nehmen 5–10 Euro Eintritt. Die Getränkepreise sind zivil.
www.dancerepublic.com
www.places.com.mt
www.freshmusicagency.com

Spielkasinos
Auf Malta gibt es drei Kasinos: zwei in historischen Gebäuden in Birgu/Vittoriosa und St. Julian's-Paceville, eins im „Dolmen Resort Hotel" (Qawra). Ausländer haben ab 18 Zutritt, Malteser erst ab 25 Jahren. Ein Ausweis ist vorzulegen.
Casinò di Venezia
(I 5) Birgu/Vittoriosa
Tel. 21 80 55 80, www.casino venezia.it/malta/main.htm
tgl. 11-4 Uhr
Dragonara Palace
(H 4) St. Julian's, Tel. 21 38 23 62
www.dragonara.com *Mo-Do 10-6 Uhr, Fr-So durchgehend*
Oracle
(F/G 4) Qawra, Tel. 21 57 00 57
www.oraclecasino.com
tgl. ab 10 Uhr

144 Seiten,
gebunden

Ein kleiner Moment kann
dafür sorgen, dass
das Leben sich öffnet.

480 Seiten,
gebunden

Wien, 1930: Welches Geheimnis
überschattet die Frauen der Familie Tallos?
Mörderisch gut geschrieben.

Leben, auf jeden Fall! Marion
Knaths hat den Krebs
besiegt und schreibt darüber.

144 Seiten,
Broschur

352 Seiten,
gebunden

Zainab Salbi erlebt eine glückliche
Kindheit in Bagdad – bis
Saddam Hussein in ihr Leben tritt.

*Unser Jubiläumsgeschenk an alle
Leserinnen und Leser: jedem Buch liegt das
magisch leuchtende Lesezeichen bei.

Der Sommertipp: Das Archäologische Museum in der ehemaligen Auberge de la Provence hat die wohl stärkste Klimaanlage Maltas. An Sciroccotagen ein angenehmer Klimaschock

MERIAN | SPAZIERGANG 1

Das starke Valletta

Wer durch das klotzige **Haupttor** tritt, wird für dessen unschönen Anblick nicht entschädigt: Der Platz dahinter mit Opernruine und Burger-King-Filiale ist genauso hässlich. Daher biegen wir rechts ab zum **St. James Cavalier**, einst Teil der Festung, heute ein wundervolles Kulturzentrum. Am Kreisverkehr dahinter liegt die **Auberge de Castille**, Sitz des Regierungschefs. Da man sie nur von außen betrachten kann, wenden wir uns nach rechts und kommen in die **Upper Barracca Gardens**, vor denen sich der **Grand Harbour** prachtvoll ausbreitet. Von hier zum **Victoria Gate** erscheint die Silhouette Vallettas als unüberschaubares Steingewirr. Das ändert sich, wenn wir in die **St. John's St.** einbiegen und uns dem engen, aber regelmäßigen Straßensystem überlassen. Vor der **St. John's Co-Cathedral** mit ihren reichen Schätzen öffnet sich der schattige St. John's Square mit seinen Cafés. Zeit für eine Pause, bevor wir rechts in die stets überfüllte Republic St. einbiegen und an der **National Library** mit ihren seltenen Dokumen-

ten vorbei zum (im Wortsinn) Höhepunkt der Stadt kommen: dem **Grandmaster's Palace**, der exakt in der Stadtmitte Macht und Reichtum des Malteserordens repräsentiert. Von hier aus geht es bergab und auf einmal wird Valletta still. In der **Fort St. Elmo** zugewandten Hälfte der Stadt gibt es wenig Sehenswürdigkeiten, hier wird die Stadt zu einem Wohnquartier, das im 17. Jh. als modernstes Europas galt und heute somnambul vor sich hin lebt. Von St. Elmo, dem perfekten Festungsbau, gehen wir am **French Curtain**, der Festungsmauer, entlang mit Blick über den **Marsamxett Harbour**, bis vor uns die Old Bakery St. auftaucht, die uns bergab, bergauf zurückführt. An der Ecke Old Theatre St. verharren wir und staunen über den Blick vorbei an der riesigen Kuppel der **Lady of Mount Carmel** auf den Hafen und machen Pause im Café des **Manoel-Theaters**. An der St. Johns St. verlassen wir die Old Bakery und kehren auf die Hauptstraße zurück, auf der rechts das **Archäologische Museum** auftaucht. Von hier kommen wir in wenigen Schritten vorbei an **St. Barbara** (So um 11 Uhr deutschsprachiger Gottesdienst) zum City Gate zurück.

MERIAN | SPAZIERGANG 2

Das stille Mdina

Nur für Fußgänger: Das 1724 errichtete **Main Gate** führt ins autofreie Mdina. Sein Stifter, Großmeister Vilhena, ließ sich gleich dahinter einen Barockpalast errichten, der heute das **Nationalmuseum der Naturgeschichte** beherbergt. Die Gasse teilt sich: Die Villegaignon Street führt am **Benediktinerinnen-Kloster** aus dem 17. Jh., Adelspalästen wie dem Palazzo Inguanez und dem **Palazzo Gatto Murina** aus dem 14. Jh. und dem Rathaus Mdinas, der Banca Giuratale zum St. Paul's Square. Die Villegaignon Street passiert den Palazzo St. Sophia, dessen Unterbau aus dem 13. Jahrh. stammt, die Mauern eines **Karmeliter-Klosters** und den Palazzo Falzon. Teile des Erdgeschosses stammen aus der Zeit um 1100. Spektakulär ist der Blick von der Stadtmauer am **Bastion Square**: Das Auge schweift über die ganze Insel. An der Mauer und dem Fontanella Tea Garden entlang geht es nun zur **Kathedrale St. Peter and Paul** und dem Kathedral-Museum mit seiner großen Sammlung von Holzschnitten und Kupferstichen Albrecht Dürers. An der Stadtmauer entlang führt eine enge Gasse am einzigen Hotel Mdinas vorbei zurück zur Villegaignon Street. Durch die Inguanez Street gelangt man zum **Greek Gate**, dem zweiten Stadttor Mdinas. Gleich außerhalb der Mauern, jenseits der **Howard Gardens**, beginnt Rabat.

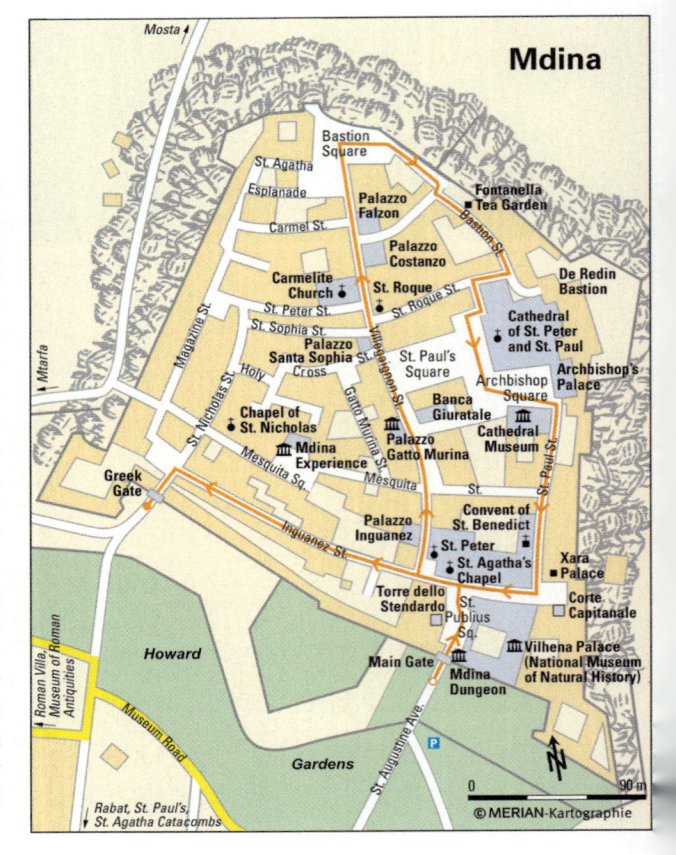

Valletta

MERIAN
Malta

Merian live! Malta
Klaus Bötig, Travel House Media
Neuaufl. Sept. 2006,
128 S., 7,95 €. Eine feine
Ergänzung zum Merian-Heft.
Auch Gozo und Comino
werden beschrieben

Vallettas Grand Harbour

Taxis

Taxis sind teuer. Schwarze Taxis können nur telefonisch gerufen, weiße auch an der Straße angehalten werden. Die schwarzen sind seriös, die Fahrer der weißen verlangen manchmal horrende Preise. Offiziell beträgt der Grundpreis 1,50 Lm, der Kilometerpreis 0,30 Lm.
Wembley Taxi, Tel. 21 37 42 42

Wassertaxis

Die traditionellen Dghajsas erleben seit 2006 ein Revival als Wassertaxis zwischen Birgu/Vittoriosa, L'Isla/Senglea und Valletta (1,50 Lm/Strecke, Minimum 2 Passagiere). Man kann sie aber auch für Rundfahrten oder für romantische Fahrten in der Dämmerung mieten, bei denen auf Wunsch der Motor abgestellt wird.
A&S Water Taxis
Am Freiheitsdenkmal in Birgu
Tel. 21 80 69 21
www.maltesewatertaxis.com

Fähren

Autofähren verkehren ständig zwischen Malta und Gozo. Dauer der Überfahrt ca. 25 Min., Rückfahrticket 2 Lm/Person, für Auto inkl. Fahrer je nach Saison um 7 Lm.
Gozo Channel Company Ltd.
Tel. 21 24 39 64
www.gozochannel.com

Öffnung und Eintritt

Alle staatlichen Museen, die ar-chäologischen Stätten und viele historische Bauwerke werden von der Nationalen Agentur für Museen und Kulturerbe, *Heritage Malta*, verwaltet. Sie informiert auf ihrer Website aktuell und ausführlich über Öffnungszeiten, Eintrittspreise und eventuell geschlossene Stätten.
Heritage Malta
Merchants Street, Valletta
Tel. 22 95 40 00
www.heritagemalta.org
Der Eintritt in die Stätten der Malta Heritage kostet 1 bis 2,50 Lm. Jugendliche ab 12, Studenten und Senioren ab 60 erhalten 50 % Ermäßigung, Kinder (6-11 Jahre) ca. 75 %.

ZUM NACHLESEN

Informatives

Malta, Gozo und Comino
Michael Bussmann, Michael Müller 2004, 15,90 €. Sehr ausführlicher Band für Individualreisende mit Beschreibung von 14 Wanderungen.

Baedeker Malta, Gozo, Comino
Birgit Borowski u. a., Baedeker 2006, 17,95 €. Der Infoteil verwirrt mit seinen vielen bunten Kästchen, aber Orte und Reiseziele werden in bewährt nüchterner Faktenfülle tadellos präsentiert. Gute Landkarte.

Malta. Porträt einer Reise
Jonathan Beacom/Geoffrey Aquilina Ross, Nomad Travel Portraits 2001, 3,15 Lm. Auf Malta erhältlicher Bildband.

Die maltesische Mittelmeerküche
Rainer Mitze, Neuer Umschau Buchverlag 2004, 19,90 €. Vorteil gegenüber den (besseren) Konkurrenzprodukten: Das Buch ist auf Deutsch erhältlich.

The Definitive(ly) Good Guide to Restaurants 4 Lm. Jährlich im November erscheinender, auf Autorenrecherche und Lesermeinungen basierender Restaurantführer.

Romane

Der Kaplan von Malta Nicholas Monserrat, Rowohlt-Taschen-buch 1981, nur antiquarisch (oder auf Malta) erhältlich. Der Roman des auf Malta ansässig gewesenen Briten spielt im Zweiten Weltkrieg.

Mord auf Malta Dan Turrell, Bastei-Lübbe 2004, 6,90 €. Krimi eines dänischen Autors. Besonders interessant für Gäste des Hotels „Mellieha Holiday Centre": dort geschieht der erste Mord des Buches.

FESTKALENDER

Karneval Große Festumzüge am Karnevalssonntag in Valletta und Floriana, buntes Treiben in Nadur auf Gozo.
Karwoche und Ostern Bei den Karfreitagsprozessionen tragen die Teilnehmer zum Teil alttestamentarische Kostüme. Am Ostersonntag Freudenprozessionen in vielen Orten, besonders prachtvoll in Birgu/Vittoriosa und Isla/Senglea.
28./29. Juni Mnarja-Fest in Rabat. Am 28. Juni abends Musik, Gesang und Illumination in den Buskett Gardens unterhalb der Stadt, am Nachmittag des 29. Juni traditionelle Pferderennen in den Straßen der Stadt.
Drittes Wochenende im Juli Malta Jazz Festival an drei Abenden in Valletta.
1. Julihälfte Victoria International Arts Festival auf Gozo mit klassischen Konzerten, Jazz und Ballett.
8. September Great Siege Regatta zur Erinnerung an das Ende der Großen Belagerung.
Erste Oktoberhälfte 11-tägiges Malta Historic Cities Festival in Valletta, Mdina, den Three Cities und Victoria/Rabat auf Gozo. Theater, Musik jeder Art, Neuinszenierungen.
Oktober/November Zehntägiges Festival Mediterranea in Rabat/Victoria auf Gozo. Gozo präsentiert sein kulturelles Erbe von der Kochkunst bis zum Tempelbau.

Ausführliche und aktuelle Infos zu Festivals unter www.maltafestivals.com

ANREISE

Per Flugzeug

Lufthansa fliegt Malta von Frankfurt aus an, Air Malta, Condor und LTU von vielen deutschen Flughäfen aus. Flugzeit ab Frankfurt ca. 2½ Std. Vom Flughafen fährt der **Linienbus** Nr. 8 nach Valletta (6–21 Uhr alle 20 Min., Fahrzeit ca. 20 Min., 0,20 Lm). **Taxis** bucht man am Schalter in der Ankunftshalle und bezahlt im voraus (Zirkapreise: Valletta 6 Lm, Sliema 8 Lm, Bugibba oder zur Gozofähre 10 Lm). Nach Gozo besteht eine **Hubschrauberverbindung**. Flugplan: im Sommer 8, im Winter 4 Flüge tägl., Flugzeit 15 Min., Flug einfach 30 Lm, hin und zurück 50 Lm. Aktuelle Flugpläne unter www.airgozo.com

Per Schiff

Fähren gibt es von Valletta nach Sizilien (Pozzallo, Catania) und Reggio di Calabria.
Virtu Ferries Ltd.
Sea Passenger Terminal, Valletta
Tel. 21 31 88 54
www.virtuferries.com
Sullivan Maritime,
Tel. 21 22 68 73
www.sullivanmaritime.com.mt

AUSKUNFT

Fremdenverkehrsamt Malta

Versendet viele Prospekte, auch Beschreibungen von Wanderwegen und Stadtrundgängen. Gute Homepage.
Malta Tourism Authority
Merchants Street, Valletta
Tel. 21 23 77 47
In Deutschland:
Schillerstr. 30-40
60313 Frankfurt/Main
Tel. (069) 28 58 90
www.visitmalta.com/de

ALLGEMEINES

Geld

Landeswährung ist bis Ende 2007 die Maltesische Lira (Lm). Am 1. Januar 2008 wird sie durch den Euro ersetzt. Ab 2007 müssen alle Preisangaben auch in Euro gemacht werden. 1 € = 0,43 Lm, 1 Lm = 2,30 €. Banken sind mindestens Mo-Fr 8.30-12.30 Uhr und Sa 8.30-11.30 Uhr geöffnet.

Besondere Feiertage

10. Februar (Schiffbruch des Apostels Paulus), 19. März (Josefstag), 31. März (Freiheitstag), 7. Juni (Aufstand 1919), 8. September (Ende der Großen Belagerung 1565), 21. September (Unabhängigkeitstag), 13. Dezember (Tag der Republik). An diesen und anderen gesetzlichen Feiertagen sind alle Büros und Geschäfte, auch viele Restaurants, geschlossen.

Telefon und Internet

Telefonate führt man am preisgünstigsten von den reichlich vorhandenen Kartentelefonen aus. Telefonkarten sind in vielen Geschäften erhältlich. In Malta gibt es keine Ortsvorwahlen. Alle Festnetz-Telefonnummern außer Notruf- und Durchwahlnummern sind achtstellig.
Vorwahl für Malta: 003 56
Vorwahl für Deutschland 00 49
für Österreich 00 43
für die Schweiz 00 41.
Es gibt zahlreiche Internetcafés und Hotels mit Zimmeranschlüssen oder WLAN-Points.

UNTERWEGS

Linienbusse

508 Linienbusse gibt es auf Malta, und vom Main Bus Terminus vor dem City Gate in Valletta fahren zwei- bis dreihundert von ihnen täglich in alle Dörfer der Insel. Auf den meisten Routen sind sie alle 10 bis 30 Minuten zwischen 6 und 21.30 Uhr unterwegs, auf der Route nach Sliema und St. Julian's bis 1.30 Uhr. Die Fahrpreise sind niedrig, für die Strecke von Valletta nach St. Julian's zahlt man 0,20 Lm. Zusätzlich gibt es Buslinien, die von Sliema und Bugibba aus direkt zur Gozofähre sowie nach Mdina/Rabat, von Bugibba nach Paola, Tarxien und Marsaxlokk fahren. Fr und Sa fährt ein Disco-Bus bis 3 Uhr von Paceville nach Sliema, Valletta, Bugibba und in Dörfer. **Fahrkarten** (auch Zeitkarten) kauft man beim Fahrer. Zeitkarten gibt es für einen, 3, 5 oder 7 Tage (1,50/4/5/6 Lm). Sie lohnen sich nur bei häufigem Fahren, zumal sie für Nachtbusse nicht gültig sind. **Stadtrundfahrt fast zum Nulltarif:** Bus 98 dreht eine Runde um und durch Valletta. Fahrpreis: 0,20 Lm; Mo-Fr 6.30-9 Uhr halb-, danach bis 18 Uhr stündlich, Sa 7.30, 8.30 und 9-12 Uhr stündlich.
Tel. 21 25 00 07
www.atp.com.mt

Mietwagen

Auf Malta und Gozo sind zahlreiche lokale Anbieter aktiv, auf Malta auch die bekannten internationalen Firmen wie Avis und Hertz. Die Preise sind niedrig, der Service-Standard auch. Bei der Wagenübernahme muss der geschätzte vorhandene Tankinhalt bezahlt werden; für bei der Rückgabe noch im Tank befindliches Benzin wird keine Erstattung geleistet. Bei Unfällen mit dem Fahrzeug muss man auch dann die Polizei rufen, wenn kein Dritter daran beteiligt ist.
Notruf: Polizei 191
Krankenwagen 196
Pannenhilfe 24 81 16

Eine Kreuzfahrt ohne Malta wäre wie Malteser ohne Kreuz: die Aida in V

Das Klima auf Malta

Valletta	Jan.	Feb.	März	Apr.	Mai	Juni	Juli	Aug.	Sept.	Okt.	Nov.	Dez.
Durchschnittl. Temp. in °C Tag	15	15	17	19	23	28	30	31	28	24	20	17
Temp. in °C Nacht	10	10	10	12	15	19	21	22	21	18	14	11
Sonnenstund./Tag	6	7	8	9	10	12	12	12	9	7	6	5
Regentage	12	7	6	4	2	0	0	1	3	9	10	12
Wassertemp. in °C	15	14	15	15	18	21	24	25	24	22	19	17

Ein Badeurlaub empfiehlt sich von Mai bis Anfang November. Dann ist das Meer über 18 °C warm, zwischen Juli und September sogar bis 25 °C. Im Juli und August sind mehr als 30 Grad keine Seltenheit. Nachts fällt das Thermometer aber auch in diesen Monaten meist auf etwa 20 °C ab.

MERIAN-Straßenkarte

MALTA und GOZO

Gut für den, der ins Detail gehen will: Die Johanniter und Malteser der deutschen und bayerischen Zunge, Ernst Staehle, Weishaupt 2002, 28,90 €

MERIAN | RÜCKBLICK

Listig unabhängig

Dom Mintoff: Architekt des Inselstaates

Von 1955 bis 58 und von 1971 bis 84 drückte Dominic Mintoff als Ministerpräsident der Insel recht autoritär seinen Stempel auf. Er wurde 1916 im Arbeiterstädtchen Cospicua nahe Valletta geboren. Sein Vater war Palastkoch für Lord Louis Mountbatten. Dom nutzte die Beziehung und bekam ein Stipendium für Oxford. Als er 1943 zurückkehrte, lag Malta durch deutsche und italienische Bomben in Schutt und Asche. Die Briten beteiligten sich am Wiederaufbau, aber der Lebensstandard der Malteser blieb erbärmlich. Mintoff, ab 1949 Vorsitzender der Labour Party, verlangte listig die Integration der Inseln ins britische Königreich. Die Malteser stimmten mit einem Blick in ihre leeren Brotkörbe in einem Volksentscheid dafür, die Regierung Ihrer Majestät mit Blick aufs eigene Portemonnaie dagegen.

1981: Dom Mintoff zwischen Ost und West

Dom Mintoff schwenkte um und forderte nun Maltas Unabhängigkeit. Als sie den Inseln am 21. September 1964 gewährt wurde, war er allerdings nur noch Oppositionsführer und Malta Mitglied des Commonwealth. Dann kam 1971 wieder die Labour Party an die Macht und Mintoff begann, den Staat umzukrempeln. Er forderte die Nato zum Abzug auf und legte sich mit den Briten an. 1974 wurde Malta Republik, 1979 verließen die letzten britischen Truppen die Insel. Die Libyer dankten ihm seine Politik mit kräftigen Finanzhilfen, die Araber lieferten für Mintoffs Forderung nach einem freien palästinensischen Staat verbilligtes Erdöl. China bedankte sich für Mintoffs Zurückhaltung gegenüber der Sowjetunion mit kostenlosen Werftanlagen. Mit den katholischen Bischöfen Maltas lieferte er sich einen Kampf um das Schulsystem und die Enteignung von Kirchenbesitz – und die Kapitalisten lockte er mit günstigen Rahmenbedingungen. Dom Mintoff brachte Malta nicht nur internationale Beachtung als unabhängiger Staat, sondern trotz einiger sozialistischer Experimente auch den wirtschaftlichen Aufschwung. Viele seiner Anhänger meinen, dass er sich damit selbst den Garaus machte: Teile seiner einstigen Klientel liefen zu den Konservativen über.

Bis 1998 blieb Dom Mintoff im Parlament. Seitdem ist es still um ihn geworden. Man sieht ihn aber immer noch im Peter's Pool bei Marsaxlokk wo er fast täglich gesunde Schwimm- statt kluger politischer Schachzüge macht.

GESCHICHTSDATEN

Um 5000 v. Chr. Erste Besiedlung Maltas. **Um 4000 v. Chr.** Neue Siedler errichten Steintempel. **2500–2000 v. Chr.** Offenbar ist Malta menschenleer. **Um 2000 v. Chr.** Malta wird in der Bronzezeit erneut besiedelt. **1100 v. Chr.** Phönizische Kaufleute gründen einen Stützpunkt. **6. Jh. v. Chr.** Die Karthager in Malta. **218 v. Chr.** Im 2. Punischen Krieg erobern die Römer Malta. **Um 60 n. Chr.** Der Apostel Paulus erleidet Schiffbruch vor Malta und bleibt der Legende nach drei Monate auf der Insel. **395–870** Malta ist, mit Unterbrechungen, Teil des Oströmischen Reichs. **870–1090** Arabische Herrschaft, Erneuerung der Landwirtschaft. **1090–1194** Normannische Herrschaft. **1194–1268** Staufische Herrschaft. **1268–84** Malta gehört dem Hause Anjou. **1284–1530** Malta ist im Besitz des Hauses Aragón und ab 1479 schließlich der Könige von Kastilien und Aragón. **1530** Der Johanniterorden erhält von Kaiser Karl V. Malta als ewiges Lehen. Ordenssitz wird Birgu am Grand Harbour. **1565** Vom 18. Mai bis zum 8. September müssen sich die Johanniter der „Großen Belagerung" durch die Osmanen erwehren. **1566** Großmeister Jean Parisot de la Valette legt den Grundstein Vallettas, **1571** siedelt der Orden nach Valletta um. **1798** Großmeister Ferdinand von Hompesch übergibt Malta den Truppen Napoleons. Er lässt die Reichtümer der Kirchen und Klöster beschlagnahmen. **1800** Die französischen Truppen auf Malta kapitulieren vor einer britischen Blockadeflotte unter Alexander Ball. In der Folgezeit entwickeln die Briten eine moderne Infrastruktur auf den Inseln, Malta wird Hauptquartier der britischen Mittelmeerflotte. **1940** Im Juni wird Malta von italienischen Flugzeugen bombardiert. **1941** Die deutsche Luftwaffe beteiligt sich erstmals an den Angriffen. Bis 1943 erleidet die Insel insgesamt mehr als 3000 Luftangriffe, mehr als 1400 Zivilisten verlieren bei den Luftangriffen ihr Leben. **1956** Bei einer Volksabstimmung entscheiden sich die Malteser für einen Anschluss ans Vereinigte Königreich; London lehnt ab. **1964** Am 21. September wird Malta selbstständiger Staat im Commonwealth. **1974** Malta wird Republik. **1979** Am 31. März verlassen die letzten britischen Soldaten die Inseln. **2003** Bei einem Referendum stimmen 143 094 Malteser für, 123 628 gegen einen EU-Beitritt. **2004** Malta wird Mitglied der Europäischen Union.

1959: Mintoff organisiert die Unabhängigkeitsbewegung

**Genie mit Wahnsinn:
Michelangelo da Caravaggio**

MERIAN | EIN BILD UND SEINE ENTSTEHUNG

Wenn Maler morden…

**Auf der Flucht versteckt sich der Totschläger Merisi auf Malta. Er hinterlässt
ein Gemälde. Dessen Thema: Mord. Merisis Künstlername: Caravaggio**

Ein Ritter wollte er sein, einer, der das Schwert für die gute Sache erhebt und dafür bewundert wird. Er wurde Malteserritter. Er, Michelangelo Merisi, 1573 in Caravaggio geboren, war ein Genie. Seine Bilder rauben uns heute noch den Atem. Und er war ein Schläger und Mörder – am Ende lag er selber tot am Strand.

Schon als junger Mann hatte Caravaggio Rom aufgemischt, mit seiner revolutionären Malweise einerseits, mit den Fäusten andererseits. Er malte Heilige, die wie Huren aussahen, denn die kannte er. Zeigte die Madonna von Loreto, angebetet von schmuddeligen Landstreichern. Widersetzte sich Papst Clemens VIII., der die saubere Leinwand forderte. Prügelte sich durch die Bordelle am Tiberufer, oft mit seinem Spiel- und Saufkumpan Ranuccio Tomassoni.

Caravaggios Jahre in Rom sind in den Polizeiakten nachzulesen: Händel hier, Beleidigungen dort, Schlägereien allemal. Er verdrosch und beleidigte, wurde immer wieder verurteilt, aber 1603 auf Druck des französischen Gesandten de Bethune freigelassen. In jener Zeit war Rom vom Parteienstreit der konservativen Spanier und der liberalen Franzosen beherrscht, und Caravaggio war auf Seiten der Franzosen. Das half ihm aber nichts, als er einen Diener mit Artischocken bewarf und ein andermal Polizisten mit Steinen. Und als er einen Rivalen im Streit um eine Dame verwundete, musste er für drei Wochen nach Genua fliehen. In all dieser Zeit malte er, und das hieß, er erhielt Aufträge. Seit er 1597 die Nationalkirche der Franzosen in Rom ausgemalt hatte, war er ein gemachter Mann.

Und dennoch ein haltloser Haudrauf. Wieder in Rom, geriet er 1606 mit Kumpel Ranuccio Tomassoni beim Spiel in Streit. Das war der Anfang von Caravaggios Ende: Er hatte den Freund totgeschlagen.

Der Wahnsinnige floh, mit Pausen, in denen er malte, über Neapel 1607 nach Malta, wo der Franzose Alof de Wignacourt herrschte. Caravaggio porträtierte den Großmeister, der ihn dafür zum Ritter schlug. In den 15 Monaten seiner Ritterschaft malte er die „Enthauptung Johannes' des Täufers", das einzige Werk, das Caravaggio je signierte, sein Zeichen findet sich in der Blutlache unter Johannes' Kopf. Wir wissen nicht, warum der Maler auf Malta erneut verhaftet wurde – weil seine Taten bekannt wurden oder weil er neue beging. Einen Ritter soll er beleidigt haben, andere sagen, er habe ihn erschlagen.

Caravaggio entkam dem Kerker, verlor aber seine Ritterehre, er floh nach Sizilien, wo er seine letzten großen Werke malte, bis er nach Neapel ging. Auch von dort gibt es das Gerücht einer Bluttat, dort erreicht ihn 1610 die Nachricht, der Papst habe ihn begnadigt. Sofort bricht Caravaggio per Schiff nach Rom auf, wird im Hafen aber verhaftet, eine Verwechslung, heißt es. Als er nach zwei Tagen wieder frei ist, ist das Schiff mit seiner gesamten Habe verschwunden, wenige Tage später liegt der Maler tot am Strand von Porto Ercole bei Rom. „Vom Fieber dahingerafft", heißt es. Kann man das glauben?

Die Historiker Riccardo Bassani und Fiora Bellini haben eine andere Theorie: Das ganze war eine Finte, erfunden die Begnadigung, der Kapitän sei auf eine Belohnung ausgewesen und habe, als er sie nicht erhielt, sein Opfer erschlagen. Eine wilde Theorie, aber nicht viel wilder als Caravaggios Leben.

Vom Eingang der St. John's Co-Cathedral geht es rechts zum Oratorium und zu den Museen. Dort ist die „Enthauptung Johannes' des Täufers" zu sehen. Ihm gegenüber hängt Caravaggios „Heiliger Hieronymus". Das Porträt des Großmeisters Wignacourt ist im Pariser Louvre ausgestellt.
Zum Nachlesen: Riccardo Bassani/Fiora Bellini: Caravaggio assassino, 288 S., Donzelli Editore 1994, 26 €. Nur auf Italienisch.

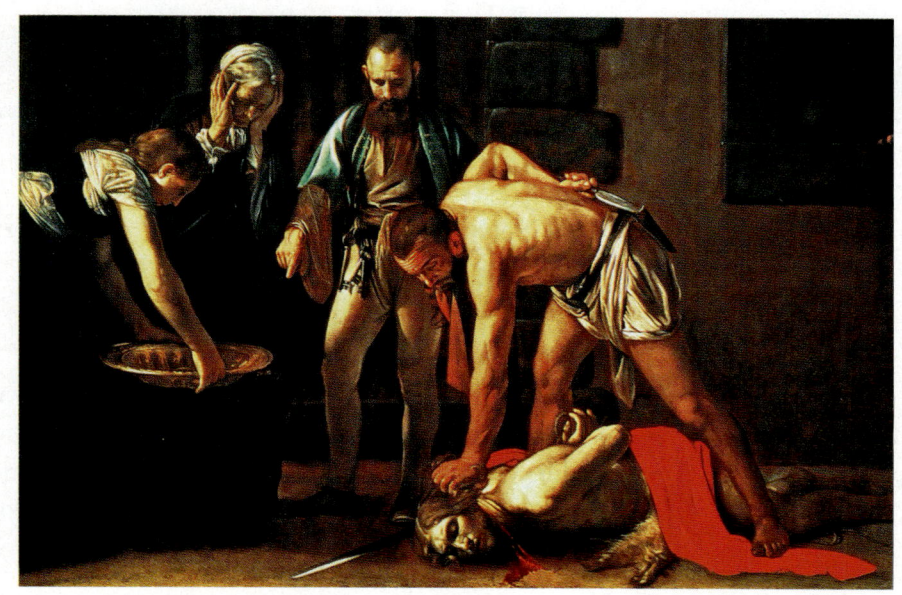

Caravaggios einziges signiertes Werk: die „Enthauptung Johannes' des Täufers" (Ausschnitt)

Berückend: Brücken über die Moldau verbinden Altstadt und Kleinseite. Die Karlsbrücke (Bildmitte) ist der älteste und schönste Flussübergang

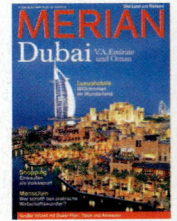

Behütet: Orthodoxe Juden vor der Teynkirche am Altstädter Ring

Berauschend: In den oft uralten Bierkneipen feiert Europas Jugend

Prags Schönheit fällt sofort ins Auge: Nicht versteckt in staubigen Museen, sondern lebendig und strahlend verzaubert die tausendjährige Stadt mit ihren schmucken Fassaden schon beim ersten Bummel durch Altstadt, Kleinseite oder jüdisches Viertel.

- Stadtspaziergang: Wenn Geschichte zur Gegenwart wird
- Jugendstil: Über die elegante Pracht des frühen 20. Jahrhunderts
- Literatur: Wo es noch „brodelt und kafkat, werfelt und kischt"
- Kleinseite: Auf den Spuren Jan Nerudas durchs idyllische Malá Strana
- Josefstadt: Das alte Judenviertel gestern und heute